THE VISION THAT CHANGED A
NATION

THE LEGACY OF WILLIAM TENNENT

나라를 변화시킨 비전
윌리엄 테넌트의 영적인 유산

존 한센 지음 | 장대규 옮김

JOHN F. HANSEN

The Vision That Changed a Nation:
The Legacy of William Tennent
by John F. Hansen

Copyright ⓒ 2007 by John F. Hansen
Published by MorningStar Publications
375 Star Light Drive, Fort Mill, SC 29715

Korean translation Copyright ⓒ 2008 by Pure Nard
Damo Bldg 3F 289-4, Yangjae-Dong, Seocho-Gu, Seoul, Korea

The Korean edition is published by arrangement with MorningStar Publications.
All rights reserved.

본 저작물의 한국어판 저작권은 MorningStar Publications와의 독점 계약으로
한국어 판권은 '순전한 나드'가 소유합니다. 저작권자의 허락 없이 이 책의 일부 또는 전체를
무단 복제, 전재, 발췌하면 저작권법에 의해 처벌을 받습니다.

나라를 변화시킨 비전:
윌리엄 테넌트의 영적인 유산
The Vision That Changed a Nation: The Legacy of William Tennent

지 은 이	존 한센
옮 긴 이	장대규
초판발행	2008년 10월 20일
펴 낸 이	허 철
펴 낸 곳	도서출판 순전한 나드
등록번호	제 313-2003-00162
주 소	서울 서초구 양재동 289-4 다모빌딩 3층
도서문의	02) 574-6702 / 010-6214-9129
	Fax. 02) 574-9704
홈페이지	www.purenard.co.kr
총괄기획	박지혜
편 집	고수연
디 자 인	이지현, Kevin Lepp
총 무	견혜영
인 쇄 처	고려문화사

ISBN 978-89-6237-024-9 03230

나라를 변화시킨 비전:
윌리엄 테넌트의 영적인 유산

The V sion That Changed a Nation:
The Legacy of William Tennent

존 한센 지음

장대규 옮김

PURE NARD

목 차

헌사 · 7

서문 · 9

제1장: 중요성 · · · · · · · · · · · · · · · · · · 11

제2장: 소명에 귀 기울임 · · · · · · · · · · · · · 17

제3장: 유대관계의 단절 · · · · · · · · · · · · · 29

제4장: 초기의 부흥운동가들 · · · · · · · · · · · 43

제5장: 선지자 학교 · · · · · · · · · · · · · · · 55

제6장: 사역의 부적합함? · · · · · · · · · · · · · 71

제7장: 새벽 미명 · · · · · · · · · · · · · · · · 85

제8장: 대각성운동의 시작 · · · · · · · · · · · · 101

제9장: 부흥 가운데 생존 · · · · · · · · · · · · · 121

제10장: 파수꾼의 교체 · · · · · · · · · · · · · · 141

제11장: 비전의 확대 · · · · · · · · · · · · · · · 157

제12장: 성령의 불호곡 · · · · · · · · · · · · · · 173

헌 사

나의 주 예수 그리스도께-이 떨리는 모험의 발견에 당신과 함께 동행할 수 있도록 초청하여 주심에 감사를 드리며, 이제 이 책이 출판되었으니 당신의 다음 여행에 동행할 수 있는지요? 저의 배낭은 이미 준비되었습니다!

나의 사랑스러운 아내 리사에게-당신의 애정 어린 사랑, 인내, 그리고 지원에 감사를 드린다 당신은 진정으로 나의 "가시나무 가운데 백합화"(아 2:2)이다.

나의 사랑하는 딸 모리아 엘리사벳에게-나의 삶에 달콤한 햇빛을 가져다줌에 고마움을 전한다.

나의 부모 로버트 한센과 마가렛 머피께-나를 항상 최선으로 생각하여 주시며 내가 걸어가야 할 "길"을 보여주심에 감사를 드린다(잠 22:6).

윌리엄 테넌트의 네샤미니-워릭 장로교회의 역사가 웬디 월취에게 -계속되어진 테넌트의 비전을 바라보기 위한 당신의 연구와 열정에 감사드린다.

스캇 아스프롯과 나의 가족/친구들로 구성된 "피드백(Feedback)" 서클(circle)에게-당신들 모두의 사랑의 노고에 감사를 드립니다. 당신들이 이 책의 출판을 가능하도록 도와주었다.

서 문

윌리엄 테넌트(William Tennent, Sr.)와 그의 로그 대학(the Log College)의 이야기는 교회사와 미국 역사에 있어서 유명한 이야기들 가운데 하나이다. 테넌트의 겸손한 헌신(enterprise)의 열매는 한 위대한 나라의 방향을 세우는 데 공헌한 것 외에도 다음 세대의 삶을 끊임없이 감동시키고 있다는 것이다. 하지만 이러한 모든 일이 이루어질 것을 보기 위해서 그가 치른 대가를 이해하는 사람은 거의 소수에 지나지 않는다

    교회 사람들과 동료 목회자들은 수없이 목회의 소명을 위해 온전케 세우고자 하는 테넌트의 의도를 오해하였다. 경제적으로 그는 "몹시 가난하여" 돈이 가장 하찮은 자산 중에 하나가 될 수 있음을 세상에 보여주었다. 병과 죽음은 그의 가족에 규칙적으로 찾아왔지만 그의 참된 믿음은 모든 것보다도 위대하였다. 결국에, 그가 경험했던 모든 시련은 결과적으로 그의 로그 대학(the Log College) 비전이 성취되는 것을 바라보도록 그의 의지를 더욱더 강하게 만드는 역할을 하였다. 바로 그 비전은 미국의 나라를 구하기 위해 교회를 준비시키는 것이었다. 테넌트의 비전이 여러 세대 동안 미국의 나라를 구하는 데 이바지 하였으며 심지어 다가올 세기에 도움이 될 것을 상상하였을 사

람은 거의 없었을 것이다.

테넌트의 삶과 그의 로그 대학의 부흥운동가들의 삶을 — 그들의 성공과 실패 — 연구함으로 우리는 테넌트 가족이 남긴 간증을 통하여 우리가 배울 수 있는 것을 바라보게 한다.

- 우리의 삶에서 하나님의 부르심(소명)을 위하여 어떻게 온전케 되어야 하는 방법
- 삶의 일터, 교회, 교실, 그리고 가정의 영역에서 어떻게 효과적으로 사역을 하는 방법
- 세상을 구원하기 위하여 교회를 온전케 세울 수 있는 로그 대학 형태의 부흥운동가들, 학교들, 교회들을 세우는 방법

"역사를 알지 못하는 자는 같은 것을 되풀이 할 우려가 있다"는 유명한 말이 있다. 이 말은 분명히 장점이 있지만 본 경우에 있어서 우리는 역사를 알 필요가 있으므로 그 결과 그것을 반복할 수 있다는 것을 고려해야 한다고 생각한다. 주님은 믿음이 마치 가장 작은 겨자씨와 같다고 하셨다. 어떻게 가장 작은 겨자씨 씨앗과 같은 비전이 용기와 인내와 합하여져 상상할 수 없는 열매를 맺을 수 있도록 성장할 수 있는 방법에 관한 가장 위대한 증언들 중에 하나이다.

- 존 한센과 릭 조이너

"로그 대학들을 배가시켜라 — 그렇다 로그 대학들을 배가시켜라"
- 제임스 비버(James Beaver), 펜실베이니아 주지사(1837-1914)

제 1 장
중요성
The Significance

작은 일의 날이라고 멸시하는 자가 누구냐 - 슥 4:10 개혁한글

300년이 지난 후에도 윌리엄 테넌트(William Tennent)의 영향력이 전 세계에 지속적으로 미쳤지만 그를 아는 사람은 별로 없다. 그의 삶을 잘 알고 있는 사람들에게 테넌트는 임시적인 토그 대학(the Log College)을 통해 프린스턴 대학교(Princeton University)를 포함한 60여개 이상의 단과 대학들과 종합 대학들을 창시한 자로 알려져 있다. 다른 사람들은 테넌트를 초창기 미국에서 가장 큰 일련의 영적 부흥을 일으킨 아버지로 알고 있다. 하지만 이 모든 것이 실현될 것을 바라보며 그가 치른 대가를 이해하는 사람은 거의 소수에 지나지 않는다. 비록 우리의 삶과 테넌트의 삶의 환경이 다르지만 그의 이야기를 통하여 가르쳐진 교훈들은 보편적인 동시에 일반적이라 할 수 있다.

유산

테넌트의 묘비에 새겨진 라틴어(번역하면 "그가 알았던 것보다 그는 더 훌륭하게 세웠다")는 우리에게 다음과 같은 질문을 불러일으킨다. 그가 진정으로 세운 것은 무엇인가? 학교와 교회의 근본 뿌리를 테넌트에게로 소급해 올라가는 것이 그의 진정한 업적(scores)이라지만, 이 기관들이 중요한 의미를 가지고 있다 하더라도 테넌트의 근본적인 목적에 있어서는 단지 부산물이었다. 기관들을 세우는 대신에, 테넌트는 그의 작은 로그 대학(the Log College)을 통해 그들의 세대에 영향을 줄 수 있는 기름부음 받은 기독교 지도자들을 세우는 일에 열망하고 있었다. "살아계신 하나님의 영으로 쓰인" 마음을 소유한 "살아있는 (그리스도의) 편지"를 세우는 것이 바로 테넌트의 목적이었다(고후 3:3). 따라서 그의 사명은 예츠(W. B. Yeats)의 말로 요약될 수 있을 것이다. "교육은 양동이에 물을 채우는 것이 아니라 불씨를 지피는 것이다."

테넌트의 로그 대학은 전형적인 학교가 아니었다. 초창기부터 논쟁은 로그 대학과 연관된 모든 사람을 둘러싸고 있었다. 논쟁의 중심에는 바로 오랜 시간을 지나온 질문에 대한 답변이었다. 기독교 목회자가 되기 위해서는 어떤 자격 요건이 필요한가? 즉, 그리스도인을 효과적으로 준비시켜 하나님이 주신 소명으로 나아가게 하는 데 필요한 것은 무엇인가 하는 질문이었다. 오늘날도 많은 사람들은 "권위가 있거나 공인된" 학교에서 훈련을 받은 자만이 목회할 수 있는 자격이 주어진다고 믿고 있다. 하지만 예수 그리스도가 초대 교회를 인도하기 위해서 가장 낮은 자처럼 보이는 자들을 택하셔서 행하신 것과 같이 윌리엄 테넌트와 같은 다른 사람들은 과감하게 다르게 생각했다.

우리가 이 사실을 이해하던 이해하지 못하던, 모든 그리스도인들은 주님으로부터 소명을 받았다는 것이다. "소명"이라는 단어는 종종 당연하게 생각된 것처럼 "직업"과 동의어는 아니다. 오히려 소명은 우리로 하여금 특별한 사역에 그분과 함께 참여하도록 하는 하나님의 초자연적인 이끄심이나 초대를 말한다. 사실, 우리의 가장 주된 소명은 "그와 함께 하는 것"(막 3:14)이며, 그와 함께 하는 교제를 통하여 우리의 소명은 그와 함께 일하게 되는 것이다. 어떤 방법으로 그분이 일하기를 원하시는지 우리에게 나타내시기 전까지 많은 시간들이 흘러갈 수도 있다. 하지만 무엇보다도 우리에게 필요한 "한 가지"는 예수께서 말씀하고 있듯이 그분과 함께 하는 우리의 관계이다(눅 10:39-42).

어떤 장소, 시간, 그리고 방법 안에서 하나님은 그의 백성을 준비시키실 수 있으심을 테넌트는 이해하였다. 즉, 하나님이 우리를 불러주신 그 소명에 의해서 오직 그분만이 우리를 만족케 하실 수 있으신 것이다. 사도 바울은 다음과 같이 기록하고 있다. "우리가 무슨 일이든지 우리에게서 난 것 같이 생각하여 스스로 만족할 것이 아니니 우리의 만족은 오직 하나님께로서 났느니라 저가 또 우리로 새 언약의 일군 되기에 만족케 하셨으니"(고후 3:5-6). 테넌트는 그의 "선지자 학교" 로그 대학을 바로 이 전제 위에 세운 것이다.

테넌트는 학문적인 자격을 갖추는 것보다 그리스도의 사역자가 되는 것에 더 중요한 것이 있음을 담대하게 믿었다. 교육적인 성취가 필요하지만 "성령의 나타남과 능력"(고전 2:4) 안에서 사역하기 위한 우리의 배움에 있어 교육은 보조적인 것이 되어야 한다고 테넌트는 이해하였다. 따라서 테넌트는 자신의 명성에 큰 손해를 보더라도 그 학교를 통하여 그리스도인의 일상의 삶 가운데서 복음의 열정과 능력이 회복되기를 추구하였다.

하나님의 가르침 받기

창조의 미명에서 현재까지, 주님의 마음은 늘 우리가 "하나님의 가르침을 받는 것"(요 6:45)이었다. 하나님에 관하여 가르침을 받는 것과 "하나님의 가르침"을 받는 것에는 차이가 있다. 하버드 대학교(Harvard University)의 설립조항으로써 모든 교육의 목적은 더 나은 신학적 지식을 얻게 하는 것이 아니라 이성적으로 주님께 더 가까이 나아가는 것이다.

모든 학생으로 하여금 분명히 가르침을 받게 하고 진정으로 학생의 삶과 학업의 주요한 목적이 영생이신 하나님과 예수 그리스도를 아는 것임을 온전히 여기도록 강요되어야 한다(요 17:3). 따라서 모든 건전한 지식과 배움의 유일한 근본으로 예수 그리스도를 기초로 놓도록 한다.

만약 하나님이 당신을 부르신 목적과 그 소명에 대한 방법에 대해서 당신이 불확실하면, 나는 하나님이 이 책을 사용하여 "당신의 갈 길을 가르쳐 보이고 당신을 주목하여 훈계하도록"(시 32:8) 기도할 것이다. 만약, 당신이 이미 소명 가운데 행하고 있다면(그것이 교회든, 사업이든, 학교든, 혹은 가정에서든) 당신은 여전히 평신도의 삶 가운데서 그의 능력과 자유함을 나타내시는 하나님을 바라보기 위해서 갈망하고 후에 테넌트의 증언이 당신에게 말하도록 하라.

테넌트의 초창기 학교 사역에 대해서 예언적 주시를 한 미국의 대통령 벤저민 해리슨(Benjamin Harrison)의 말을 고려할 가치가 있다.

나는 여기 로그 대학 — 신앙의 유익한 열매 — 기관에 겸손하지만 경건하며 용기 있는 노력의 결실로 위대한 날이 나타나게 될 생각들 앞에서 말문이 막힌 채 서 있다.

삶에서 "당신의 과실이 항상 있게 하는 것"(요 15:16)이 바로 당신이 또한 원하는 것이 아닌가? 한 저자는 "읽은 책은 다가올 시대를 향하여 행동을 낳게 하며 생각을 형성한다"고 하였다. 따라서 현재의 필자는 다음의 이야기가 독자에게 단순한 정보로 그치지 말고 인생을 변화시키는 영감의 자료가 되기를 소망한다. 그리고 윌리엄 테넌트와 같이, 당신을 통하여 당신이 아는 것보다 주님이 더 잘 세우기를 바란다.

제 2 장
소명에 귀 기울임
Heeding the Call

내가 너의 갈 길을 가르쳐 보이고 너를 주목하여 훈계하리로다

-시 32:8

1739년의 해는 윌리엄 테넌트에게 즐겁고도 괴로운 한 해였다. 그의 문제들은 교단 총회라 불리는 교단의 지도자위원 회의가 진행되는 필라델피아에서 시작되었다. 테넌트의 동료들을 위해서 윌리엄의 큰 아들 길버트(Gilbert)가 바로 그 해 전에 집행된 총회의 결의안에 항의하였다. 수정되어야 할 1738년의 결의안들 중에 첫째는 동료 목회자들이 설교를 할 수 있는 장소에 관한 총회의 통제와 연관되어 있었다. 두 번째 이의는 목회를 위하여 안수를 받아야 할 자에 대해서 새롭게 부여된 결정권이었다. 테넌트 가족은 이 결의안에 대한 장기적 결과들을 미리 바라보았다. 그들에게 이 결의안은 로그 대학의 목회 사역에 대한 사형선고와 같았으며 폐지되어야만 했다.

테넌트의 동료들이 지의한 이의에 관하여 심사숙고 후에 투표할 바

로 그 시간이 다가왔다. 만약 총회가 논쟁적인 결의안에 대해서 계속적으로 실행하기를 가결한다면 그 의미는 파급 효과가 잠정적으로 클 것임을 증명할 수 있었다. 보잘것 없는 사역 계획의 생존보다도 이러한 투표와 연관되는 것이 더욱더 위험해 보였다. 어느 누구도 윌리엄 테넌트의 초라한 학교가 훗날 대학의 아버지가 될 것이고, 미국 건국의 창시자들에게 직접적인 영향을 미칠 것이며, 또한 몇 달 후에 기록된 역사 속에서 하나님의 위대한 움직임(moves)의 가장 중요한 위치에 서게 될 것을 상상하지 못하였다! 총회의 투표로 국가의 운명은 어떻게 될지 몰라 보였다.

권력의 투쟁

거수에 의한 표시로 총회원들(the Synod members)의 대다수는 길버트(Gilbert)의 반대를 묵인하고 이전 결의안에 더욱더 가중한 조항들을 덧붙였다. 성난 길버트는 이러한 조항들이 "목회를 위하여 은혜가 충만한 사람들을 훈련시키기 위한 그의 아버지 학교를 방해하는 것"이라고 선언하였다. 아버지 학교가 종교적인 사형 집행에 서 있는 동안에 어떻게 길버트가 한가롭게 방관하고 있을 수 있었겠는가? 그의 가족은 이 사역을 초창기부터 일으켜 세워왔다. 이 사역은 지난 12년 동안 그의 아버지의 삶을 쏟아 부은 꿈이었다. 설상가상으로 이러한 위협은 테넌트 가족과 우의를 맺었던 사람들에게서 기인한 것이었다.

길버트는 생각하기를 그들의 결정은 학교를 폐교하게 하기 위한 것이나 다름이 없었다. 하지만 왜 그렇게 하기를 원하였나? 그들은 이 단적인 것이 로그 대학에서 가르쳐진다고 생각하였나? 혹은 그의 아버지가 사역의 일을 감당하기에 부적합하였나? 아니다. 그것은 도덕적으로 명쾌한 것이 아니었다. 이 분쟁은 단지 권력의 통제에 관한 것이었다.

그럼에도 불구하고 목회자들이 교회의 정치에 관하여 논쟁하고 있었지만 수개월 후에 하나님이 그들의 지역을 만져주심으로 위대한 영적인 부흥을 가져올 것이라고 누가 생각이나 하였을까? 아마도 사단은 하나님의 도래하는 움직임을 바라보았기에 그들을 분열시키기 위해서 선제공격을 한 것이었을 것이다. 총회의 모임이 이방인들의 모임이 되었어야 하는 것이 얼마나 놀랄만한 일인가? "형제애의 도시"(필라델피아)에서 교회의 지도자들이 분쟁하고 있는 것을 상상해보라.

예수 그리스도는 "너희가 서로 사랑하면 이로써 모든 사람이 너희가 내 제자인줄 알리라"(요 13:35)고 말씀하셨다. 우리를 향한 하나님의 우선들(하나님을 사랑하고 형제를 사랑하는 것; 마 22:37-39)에 집중하지 못하도록 흐트러뜨리는 작은 문제들을 수용함으로 우리는 얼마나 세상 앞에서 교회의 명예를 손상시키고 있는가?

성경은 우리에게 우리의 관계에서 분쟁이나 요란이 발생한다면 그것은 바로 그들의 마음속에 "시기와 다툼"이 있기 때문이라고 말한다(고전 3:3-4; 약 3:16). 성경은 "마땅히 주의 종은 다투지 아니하고 … 거역하는 자를 온유함으로 징계할지니 혹 하나님이 저희에게 회개함을 주사 진리를 알게 하실까 하며 저희로 깨어 마귀의 올무에서 벗어나 하나님께 사로잡힌바 되랴"(딤후 2:24-26)고 명령한다. 우리는 결코 참된 것을 타협할 수 없지만 우리는 언제 그리고 어떻게 진리를 나타내는 것에 주의해야 한다. 만약 우리가 "사랑 안에서 참된 것"을 말하는 것에 실패할 때 우리가 주장해야 할 바로 그 믿음을 속되게 (desecrate) 할 것이다(엡 4:15).

다음에 무엇을 해야 할 것인가에 대한 생각으로 테넌트의 마음속에는 수많은 질문들이 소용돌이 치고 있는 것이 틀림없었다. 그의 적대자들에게 유리하게 해석되도록 그는 놓아두어야 하는가? 잘못된 동기에 세워진 그의 사역을 하나님이 심판하고 계신 것인가? 아마도 총회의 목회자들은 단지 다른 방법에 의해서 테넌트가 원했던 것과 — 신자들이 영적으로 온전케 되는 것을 바라보는 것 — 같은 동일한 목적을 원하였던 것일지 모른다. 만약 사실이라면, 윌리엄과 길버트는 그들의 의심스러운 마음들이 거짓의 음모를 상상함으로 과민반응하고 있는지도 모른다.

다른 한편으로, 만약 윌리엄(William)의 미심쩍은 생각들이 사실이라면 그의 동료 목회자들이 윌리엄의 목적을 이루지 못하도록 그를 위험에 빠뜨리고 있는 것이 아닌가? 만약 그렇다면 그의 동료들이 그들 나름대로의 방법을 가지고 있다면, 그가 헌신해 온 모든 것이 — 시간, 재정, 그리고 마음 — 번제단에 올려있는 것을 의미하였던 것이다. 만약 이것이 사실이라면 하나님은 그의 주장을 펴며 로그 대학을 위하여 "믿음의 선한 싸움을 싸우기를"(딤전 6:12) 원하셨던가? 그는 사도적인 변론을 취하며 자기 성찰의 질문들과 더불어 총회를 직면해야만 했는가? "하나님보다는 당신들에게 순종하는 것이 옳은 일인가?" 혹은 "평화를 유지하기 위하여 사임해야 하는가?"

이 분쟁은 1739년에 윌리엄이 직면한 세 개의 가장 중요한 분쟁 중에서 단지 한 가지에 불과하였다. 아마도 우연의 일치함 없이 테넌트를 향한 공격들이 그가 로그 대학을 시작한 이후에 곧 전진적으로 심화되었다. 하지만 테넌트가 바라는 모든 것이 주를 따르고 그의 백성을 섬기는 것일 때 왜 그토록 그는 힘들게 싸우고 있는가? 그가 "우리의 씨름은 혈과 육에 대한 것이 아닌 것"을 알고 있다 하더라도 그에게 전가된 오해와 비난은 그의 영혼을 더욱더 힘들게 함이 틀림없었다. 하나님이 그의 마음속에 심어둔 "하늘에서 보이신 것(the heavenly vision)"에 순종하기를 원하였지만 얼마나 더 많은 고난을 그가 견뎌야만 하는가(행 26:19)?

어린 시절

비록 1739년은 테넌트가 직면했던 가장 힘든 시간이었지만 어린 시절의 시험과 연단의 삶은 바로 이 위기의 해를 위해 예비해온 것처럼 보였다. 1673년에 윌리엄은 종교전쟁의 피비린내 나는 역사로 얼룩지어진 땅, 스코틀랜드(Scotland)에서 태어났다. 그 당시 대부분은 그리스도인의 예배 자유는 모든 인간이 가지고 있는 권리 중 가장 최고가 되어야 하는 것으로 믿었다. 하지만 기독교를 표현함에 있어서 어느 것이 "옳은 것(the correct one)"인가를 결정하는 것은 항상 논쟁점이었다. 개신교와 가톨릭 그리고 성공회와 청교도 사이의 전쟁과 더불어 사실상 모든 자가 국교반대자(the Dissenters, 국교를 반대한 장로교인, 침례교인, 그리고 퀘이커들[Quakers])를 대항하여 전쟁을 벌였다. 조지 팍스(George Fox, 1624-1691)가 1647년에 창시한 개신교의 일파이며 프렌즈회(Society of Friends)라 부르기도 한다(그들은 인디언과의 우호, 흑인노예무역과 노예제도의 반대, 전쟁 반대, 양심적 징병거부로 인하여 절대 평화주의자로 간주되었다-역자 주). 슬프게도, 복음의 본질적인 것에 대한 논쟁은 여전히 많은 그리스도인들과 교회 사이에서 지금까지 벌어지고 있다.

비록 윌리엄의 어린 시절에 대하여 역사적 기록은 침묵하고 있지만, 어느 부분 알려진 사실은 윌리엄과 그의 동생들은 에든버러 대학교(University of Edinburgh) 졸업 후에 성공회 목사가 됨으로 할아버지의 전철을 따르기로 결정하였다.

테넌트가 처음으로 목회를 위해 신학을 해야 할 소명을 받았을 때 하늘(heaven)은 그의 미래에 품고 있는 것이 성취될 것을 알고 있었다. 테넌트는 백성에게 위대한 자유를 가져다 준 스코틀랜드의 "전사" 윌리엄 월리스(William Wallace)와 같은 영웅이 될 것인가(윌리엄 월리스는 스코틀랜드의 기사이며 독립영웅으로 스코틀랜드 독립전쟁에서 활약하였다-역자 주). 또는 스코틀랜드의 여왕이 "만 명의 군사보다도" 더 무서워했권 바로 그 기도를 소유한 영혼이 불타는 개혁자 존 낙스(John Knox)같은 사람이 될 것인가? 다른 한편으로, 사도바울이 고백한 것과 같이, "모든 경건과 단정한 중에 고요하고 평안한 생활"(딤전 2:2)로 이끄는 평범한 목사가 될 것인가?

대학 졸업 후에 그의 첫 사역 임명은 해밀턴(Hamilton)의 네덜란드인을 위한 교구목사였다. 말 그대로, 이 사역은 장래성이 있어 보였다. 그의 필요에 잘 맞는 것이었고 또한 왕실과 연관되어 있었다. 하지만 알 수 없는 여러 가지 이유로 인하여 윌리엄은 1701년에 아일랜드의 개척되지 않은 사역지를 위하여 그의 편안한 사역과 고향을 떠났다. 새롭게 발견한 사역지에 도착한 후 그는 교단을 바꾸게 되고 사역자들과 장로들의 모임인 얼스터(Ulster) 총회의 감독 아래 장로교인들과 연합하였다.

바로 그 다음 해에, 테넌트는 캐서린 케네디라는 네덜란드 친척을 만났다. 캐서린의 아버지 길버트 케네디는 영국 국교회에 대한 불신봉(nonconformity)으로 아일랜드로 피신한 스코틀랜드 계열의 장로교 목사였다. 다음 해 봄에, 윌리엄은 19세의 캐서린과 결혼을 하였고 1703년에 첫 아들 길버트(Gilbert)를 낳았다. 흥미롭게도 그 해 1703년은 도래하는 대각성운동의 부흥운동가들 3명이 세상에 태어난 해이다. 장로교단의 부흥을 이끈 길버트 테넌트, 회중교단의 부흥운동가로 국제적으로 알려진 조나단 에드워즈(Jonathan Edwards, 1703-58), 그리고 감리교의 영적인 움직임의 선도자 존 웨슬리(John Wesley,

1703-91).

외적으로는 윌리엄 테넌트의 삶은 성공해 보였다. 30세에 가정을 이룬 한 남자는 목회자로서 섬기고자 하는 마음의 열망으로 살아가는 자였다. 하지만 그의 양심에는 여전히 무엇인가 편치 않은 것이 남아 있었다. 그에게 영향력을 끼친 영국 성공회 친척 그린쉴즈 가족(the Greenshields)이 장로교주의(Presbyterianism)에 대한 의심의 씨앗을 던져준 이후로, 윌리엄은 그의 신앙의 선택(choice of faith)에 있어서 불확실한 상태로 성장하였다. 바로 그 해에 이 의심의 씨앗들을 추수할 때가 왔다.

1704년에 테넌트는 친지들의 논쟁에 굴욕을 경험하고 그는 직업을 바꾸었다. 장로교회에 사직서를 제출하고 그는 아일랜드 성공회교회에 집사가 되기로 결정했다. 장로교주의를 포함하여 국교에 반대하는 모든 교단을 향한 아일랜드 국회의 최근 금지법 때문에 가능한 빨리 그린쉴즈 가족은 테넌트에게 이 결정으로 재촉하였다(장로교주의는 존 칼뱅과 존 낙스[John Knox]의 사역 후에 만들어진 기독교의 표현이다). 따라서 윌리엄의 성공회 친척들은 그들의 가족명예를 훼손하였지만 한 장로교 목회자를 품어야 함을 느꼈다.

동시에, 아일랜드에서는 장로교인 결혼의 정당성에 관하여 팸플릿(pamphlet) 전쟁이 일어나서 결혼을 "죄를 위한 증명서(licenses for sin)"로 부르며 장로교인의 자녀를 "사생아"로 명명하였다. 장로교도들은 종교재판장으로 끌려가 "간음자"로 공동체에서 출교되었다. 윌리엄 테넌트에 관한 초기 생애에 대한 자세한 역사적 기록은 다음의 책을 참조하라. 테넌트 가족에 있어서 이 문제는, 법률적인 관점에 있어서 그들의 자녀들은 사생아로 간주된 것이었다. 아마도 그의 가족의 명예를 위해서 영국국교에 대한 불신봉자인 윌리엄은 국교에 대한 신봉을 선택하였다.

확신의 문제

국교회의 요청을 신봉하는 윌리엄 테넌트는 잘못된 것인가? 만약 그가 성경과 그의 핵심적인 가치들(롬 14:22; 약 4:17, 예를 들어 믿음, 선행)에 참되게 머물러 있다면 잘못은 아니다(롬 14:22; 약 4:17). 예를 들어 사도 바울은 "모든 사람에게 종이 됨으로 더 많은 사람들 얻기 위해서" 살았고 그는 여전히 복음에 위배되는 어떤 누구의 영역(agenda)을 신봉하는 것을 거부하였다(고전 9:19-22; 10:33; 갈 2:4-5).

주를 위하여 효과적인 증인이 되기 위해서 성경의 분명한 가르침(예수의 인성과 사명, 성경의 권위 등)에 굳게 서 있는 것은 중요하지만, 여전히 성경과 충돌이 없는 신념과 관습에 대하여 유연하라. 테넌트의 경우에 있어서 그는 교회를 변화시키기 위해 예수 그리스도 안에서 자유하였지만, 성경, 그의 확신, 그리고 그의 삶에 임한 하나님의 소명에는 진실하게 머물지 않을 수 없었다.

국교회 신봉 후 2년 이내에 테넌트는 교회의 단지를 밟아서 성공회

집사에서 사제가 되었다. 거룩한 직분을 취한 후 그는 다시 귀족들을 위한 교구목사로 섬기는 자기 자신을 발견하게 되었다. 외적으로 테넌트는 제자리로 돌아오게 된 것처럼 보였지만 내적으로 무엇인가 변화되었다. 비록 외적으로 그가 국교를 신봉하였지만 그는 비국교주의 확신에 충실하게 머물고 있었다. 예를 들어, 그의 설교 "당신의 불신 때문에(Because of Your Unbelief)"는 그가 성공회 사제 안수식과 그 후에 수없이 설교한 것으로 나중에 로그 대학에서 가르친 같은 주제들 — 즉, 지적으로 그리스도인처럼 믿는 것은 진정한 그리스도인을 만들지 못하는 것 — 을 포함하고 있었다. 모든 사람들이 하나님의 나라를 보기를 원하고 들어가기를 원한다면 그리스도가 말씀하신 것처럼 모든 자는 "거듭나야" 한다(요 3:3, 5). 테넌트는 설교하기를,

모하메드(Mohammed)의 이슬람교도가 고백하듯 사람들은 그리스도의 이름으로 신앙고백을 한다. 왜냐하면 그들이 태어났을 때 그곳에서 고백된 종교이기 때문이다. 한 사람이 기독교 국가의 의견을 취하지만 이슬람교, 유대교, 혹은 이교도보다 낫지 못하다. [기독교 교리]에 찬성하지만 여전히 불신이 있다. 귀신들도 [또한] 동의하며 알고 있다. 동의는 필수이지만 충분하지는 않다.

다른 말로 표현하면, 그리스도인처럼 지적으로 믿는 것과 경험적으로 그리스도 자신을 아는 것 사이에는 큰 차이가 있다. 지적인 기독교

는 영적인 어두움 혹은 속박에서 우리를 자유하게 할 수 없다. 우리 모두는 우리를 개인적으로 자유롭게 하시는 구세주를 필요로 한다. 바로 이것이 복음의 핵심이다.

생명 없는 기독교

1717년에 윌리엄은 동료 목회자들의 영성에 도전함으로 그의 평생의 관습을 종식하는 메시지를 선포했다.

평신도 혹은 목회자는 주의 만찬에 오지만 주의 만찬에 참여하지는 않는다. 목회자로서 주의 만찬을 기념하지만 진정한 그리스도인으로 참여하지는 않는다. 목회자는 그의 직무로 인해서 어쩔 수 없이 주의 만찬을 집행하기에 먹는 것이지 진정한 신자가 되었다는 마음으로 주의 만찬을 드는 것은 아니다.

관습은 그들에게 위대한 일을 행하게 한다. 직무의 중요성에 기초하고 그들을 의지하고 있기 때문에, 그들은 주의 만찬을 행하지만 하나님 사랑의 독적 인식은 아마도 부족하다 — 바로 이러한 결점이 온전하지 못한 제물로 만드는 것이다.

본질에 있어서 테넌트가 설교에서 말하고 있던 것은 기독교를 실천하는 것과 예수 그리스도와 함께 교제하는 것 사이에는 큰 차이가 있다는 것이다. 사실 예수 그리스도께서 많은 기독교 실천자들이 돌연의 영적각성을 경험하게 되는 때가 도래함을 예언하셨다.

그 날에 많은 사람이 나더러 이르되 주여 주여 우리가 주의 이름으로 선지자 노릇 하며 주의 이름으로 귀신을 쫓아내며 주의 이름으로 많은 권능을 행하지 아니하였나이까 하리니 그 때에 내가 그들에게 밝히 말하되 내가 너희를 도무지 알지 못하니 불법을 행하는 자들아 내게서 떠나가라 하리라(마 7:22-23)

위에서 언급된 테넌트의 설교의 내용을 판단할 때(매번 이 설교를 한 것으로 보아 그가 제일 좋아하는 설교로 보였다), 예언자 에스겔이 그 시대 회중에게 선언한 동일한 각성의 메시지를 선포하려고 한 것처럼 보인다.

그 제사장들은 내 율법을 범하였으며 나의 성물을 더럽혔으며 거룩함과 속된 것을 구별하지 아니하였으며 부정함과 정한 것을 사람이 구별하게 하지 아니하였으며 그의 눈을 가리어 나의 안식일을 보지 아니하였으므로 내가 그들 가운데에서 더럽힘을 받았느니라(겔 22:26)

테넌트가 그의 동료들과 교구 목회자들을 변화시키기 위해 노력하였을 때 변화는 자신의 심장에서 점차 일어났다. 그리고 오래 지나기 전에, 테넌트는 그의 생애를 영원히 변화시킨 두 가지 결단을 해야 함을 알게 되었다.

제 3 장
유대관계의 단절
Cutting Ties

사람이 마음으로 자기의 길을 계획할지라도 그의 걸음을 인도하시
는 이는 여호와시니라 - 잠 16:9

    1718년까지 그가 소유한 25년간의 목회 경험을 자랑할 수는 있었지만 윌리엄 테넌트는 불만스럽게 느껴지는 무엇이 여전히 남아 있었다. 성공회 교단에서의 몇 가지 행위와 신념에 대한 의심들은 끊임없이 "나의 양심에 영향을 주었다"고 테넌트가 후에 말하였다. 근본적으로 그의 관심들은 성공회의 행정적인 구조, 그들의 "예배의식의 방법"과 "알미니안(Arminian) 교리의 실천"(알미니안 주의는 존 칼뱅과 장로교주의 개혁의 가르침을 수정하려고 시도하였다. 오늘날의 많은 교단들 즉 감리교, 자유의지 침례교[Free-Will Baptists], 가톨릭, 오순절 교파는 알미니안 신념을 반영한다)에 관한 것이었다.

    테넌트의 혼란스러운 양심과 더불어, 아일랜드의 대지주들은 거의 모든 사람들의 집세를 올려서 감당할 수 없는 생활비를 지우게 하였

다. 윌리엄은 곧 몇 가지 결정을 내려야만 했었다. 최상을 기대하는 한 윌리엄은 그의 불만을 뛰어 넘어야 하는가? 또는 그가 할 수 있는 한 그의 상황을 바꾸어야 하는가? 양심에 충실하여, 윌리엄은 대담한 이중적인 진로(a daring twofold career)를 취하였다.

윌리엄의 첫 결정은 그의 교단적인 유대와 연관되었다. 그는 아일랜드 성공회 교회에서 14년간 사역을 하였지만 올바른 결정을 내리는 것에 대하여 수없이 질문하기 시작하였다. 만약 테넌트가 국교로부터 사임을 함께 한다면 자신에게 부적합하다고 생각한 목회사역으로 윌리엄 생애의 소중한 14년을 허비한 것인가? 결국 그가 "마음을 다하여 주께 하듯 하고 사람에게 하듯 하지 않는다"(골 3:23)면 결코 시간을 허비한 것이 아니었다. 마치 마리아(Mary)가 예수의 발에 향유를 부음으로 "허비(wasted)"하였을 때, 예수가 의미하였던 것처럼, 만약 이러한 모든 것이 하나님의 아들을 위해서 예배하는 마음에서 행한 것이면 아무것도 허비한 것이 아니다(요 12:3-8).

이제 45세에 직업을 바꾸는 것에 있어서 윌리엄에게는 큰 믿음과 겸손이 요구되었다. 큰 믿음이란 국가가 지원하는 교회의 보장을 떠나 불법이며 재정적으로 요동치는 장로교회로 합류되어야 했기 때문이었다. 큰 겸손이 테넌트에게 요구되었는데, 그 이유는 그가 성공회 윗사람들(superiors)과 교회 회원들에게 목회 특권(ministry royalty)을 바꾸는 이유를 설명해야 했기 때문이다. 만약 그가 그들의 신념과 다르다는 것을 폭로하면, 그들은 윌리엄만을 의미하는 것이 아니라 그들 자신도 잘못된 교회 안에 있었다는 것을 가정할 것이 아닌가? 아마 그들 대부분은 그의 결론에 동의하지 않을 것이다.

알려지지 않은 사실이지만 이 지면에서 기록되어야 할 것은 성공회 교회의 어느 누구도 테넌트가 떠나도록 강요한 사람이 없다는 것이다. 아마도 그의 논쟁을 일으키는 설교에도 불구하고(때문에!) 국교회는 그를 머무르게 하는 데 동의하였다. 그럼에도 불구하고 테넌트는 그의 신념을 좇아야 함을 느꼈고 바로 이때가 이러한 유대관계를 단절하는 시간이었다. 사임함으로 그가 목회사역을 떠난 것이 아니라 단지 제도화된 교회(the institutionalized church)의 한 부분을 떠나는 것이었다. 하지만 장로교 신앙으로 돌아온 그의 결정은 그가 결심한 다음 결정보다 덜 도전적이었다.

위험의 가치?

윌리엄의 영적인 시험들의 가장 꼭대기에서 아일랜드의 경제는 아래로 소용돌이치고 있었고, 어려움을 피하기 위하여 많은 사람들로 하여금 미국으로 이민하게 하였다. 테넌트 가정에게 새로운 세계(the New World)의 기회들은 장래성이 있게 들려왔음이 분명했다. 만약 그들이 이민한다면, 적어도 그들에게는 새로운 세계에 살고 있는 가장 영향력 있는 친척들이 있었다. 윌리엄의 사촌이며 퀘이커교도인 제임스 로건(James Logan)은 펜실베이니아(Pennsylvania)의 소유주 윌리엄 펜(Sr. William Penn)과의 친분을 통하여 유명하게 되었다. 로건은 펜(Penn)의 식민지의 사령관이었으며 필라델피아의 시장이었다. 분명히 로건과 같은 유명한 친척들이 있는 것은 테넌트 가족(the Tennents)에게는 유익한 것이었다.

윌리엄의 관심 중에 하나는 필라델피아에서 새롭게 결성된 장로교 총회였다. 새로운 세계, 새로운 총회, 새로운 사역, 그리고 새로운 삶 그 모든 것이 흥미롭게 들려졌지만 여전히 불안정하였다. 더 나은 삶의 꿈을 위하여 두 달 동안 사나운 대서양을 횡단해야 하는 항해에 아내와 5명의 자녀를 데리고 가는 위험은 아마도 모든 것을 혼란스럽게 하였을 것이다. 그 당시에 의하면, 7살 미만의 아이들은 병과 다른 요인들에 노출되기 때문에 대륙을 횡단하는 여행에서 살아남은 아이들이 없었다. 이러한 도박과 같은 위험이 가치가 있는가? 다른 한편으로, 영국 국교회에 반대하는 자들에 대한 아일랜드의 종교적 탄압과 터무니없는 생활와 더불어 그들이 현재 처해있는 곳에 머무는 것이 테넌트 가족에게는 더 심한 모험이었을까?

윌리엄은 하나님이 그를 이끄시는 방향으로 향하기 위해 위험들을 감수하는 것에 점점 익숙해져 갔다. 아마도 잠언 3장 5-6절과 같은 말씀이 믿음으로 행하는 테넌트 가족에 더욱더 풍성한 영감을 가져다 주었다.

> 너는 마음을 다하여 여호와를 신뢰하고 네 명철을 의지하지 말라 너는 범사에 그를 인정하라 그리하면 네 길을 지도하시

리라(잠 3:5-6)

테넌트가 국교회와 아일랜드를 떠나는 문제를 결정함에 있어서 혼란스러워하는 동안 그의 15살된 아들 길버트(Gilbert)도 더 심각한 문제로 분투하고 있었다. 지난 해에 젊은 길버트는 "영혼의 어두운 밤(dark night of the soul)"을 경험하는 가운데 하나님께 그의 삶을 복종하는 것에 관하여 그의 조물주 하나님과 씨름하고 있었다. 분명히 이 모든 것은 테넌트 가정에 커다란 도전의 시간이었다.

말할 필요도 없이, 윌리엄은 그의 가족을 위하여 새로운 삶을 시작하기로 감히 결심하였다. 구세계(the Old World)의 안정을 뒤로 한 채 그들은 새로운 세계를 향하여 서쪽으로 떠났다. 믿음 안에서 행하는 그들의 발걸음을 위해 하늘의 선물로, 길버트는 배에 오르는 동안 그의 삶을 예수 그리스도에게 복종하였다. 사실 테넌트 가족에게 있어서 특별히 젊은 길버트에게는 그 해에 모든 것이 새롭게 되었다(고후 5:17; 계 21:5).

총회 직면하기

배에 승선하고 몇 주가 지난 후에, 새로운 삶을 시작하기 위해서 그들의 여행은 결국 펜실베이니아의 "형제애의 도시" — 필라델피아 도시에 도달하였다. 펜실베이니아의 소유주, 윌리엄 펜(William Penn)이 신흥의 식민지를 "거룩의 실험(holy experiment)"으로 언급하였던 것처럼, 그는 예언적으로 식민지 그 자체가 아닌 테넌트 가족과 같은 기독교 이민자들이 그곳을 정착하기 위해서 겪어야 할 여행을 묘사하였다.

1718년 9월 6일에 도착 후에, 윌리엄은 어떻게 그들이 "[그의 사촌] 제임스 로건(James Logan), 중재자, 그리고 펜실베이니아의 비서들에 의해서 정중히 환대받았는지"를 열거하였다. 그러나 테넌트는 단지 친족에 의해 환대받기 위해 이러한 방법으로 오지는 않았다. 두 주 후에 테넌트는 필라델피아의 장로교 총회에 나가 그가 성공회와 연합되었던 것을 공식적으로 선포하고 그가 품고 있는 신앙에 대한 회복을 요청하려고 시도하였다.

총회 위원회는 테넌트의 복직이 목회 자격을 위한 그들의 기준에 통과될 것인지에 대한 여부를 결정하기 위해서 테넌트를 인터뷰하였다. 비록 그들은 "테넌트의 자격에 충분히 만족"하였더라도 그 인터뷰는 영적전쟁의 반쪽에 불과하였다. 이제 테넌트는 마지막 승인을 위해서 총회의 모든 목회자들과 대면해야만 했다.

테넌트의 가능성이 있는 복직은 오후에 있던 회의의 4번째 항목이었다. 24명의 목회자들이 참여한 가운데 회의는 일상적으로 틀에 박혀 진행되었다. 하지만 윌리엄에게는 너무나 중대한 일이었으며 그의 계획이 총회의 결과에 의해서 정해져 있었다. 만약 미국의 장로교단이 그의 요구를 거절한다면 그 밖에 무엇이 그로 남부럽지 않은 생활을 가능하게 만들 수 있겠는가? 그의 나이는 아내와 다섯 자녀를 양육해야 하는 45세였다. 그의 가족은 지리적으로나 영적으로 단지 미국에 오기 위해 먼 거리를 왔다. 이제 테넌트의 인생에서 이 어려운 인생의 한 장을 종식시키거나 혹은 지연시킬 투표를 총회는 할 것인가?

비록 테넌트가 위원회의 조사에 만족했더라도 총회는 그를 회원으로 인정하는 것에 관하여 보류하고자 하는 면이 있었다. "테넌트의 거룩한 목회에 있어서 확고부동함을 지속하기 위한 심각한 권고"를 그에게 주면서 총회 위원들은 새로운 회원을 위한 관행과는 달리 그의 신앙고백을 훗날의 증거를 삼기 위해서 문서 보관용으로 제출하였다. 장로교단에서 이전의 테넌트의 탈회를 고려할 때 총회는 테넌트의 헌신의 정도를 문제 삼았던 것이었다. 그들의 보류에도 불구하고 총회는 회원으로 받아들였다. 다음 총회 회의에서, 테넌트는 마치 그의 모국어로 말하듯이 라틴어 연설로 모든 회원들에게 감동을 주었다.

삶의 자리 찾기

뉴욕의 동부 체스터(Chester)에서 테넌트가 목회 청빙을 수락하고 두 달 후 테넌트 앞에 놓인 도전을 전혀 알지 못하였다. 그의 문제들은 "흑인, 인디안, 그리고 국교회 반대자들의 회심"에 관여한 영국 국교회의 기관 "복음전도협회"(Society for the Propagation of the Gospel)가 윌리엄의 도착을 알았을 때였다. 영국 국교회를 반대하는 목회자가 한 마을에 정착하러 온다는 것을 알았을 대 복음전도협회는 그가 목회를 시작하기 전에 반대하는 입장에 서 있었다.

영국 국교회의 복음전도협회에 따르면, 마을 주민들은 그들 사이에서도 테넌트와 같은 분리주의 목회자에 관하여 두 그룹으로 나누어졌다. 설상가상으로 테넌트가 도착하자마자 존 바르토우(John Bartow, 복음전도협회의 파송선교사)는 체스터 동부에서 공적인 비국교도의 예배당을 통제하였다. 어떤 예배당도 없이, 제한된 재정지원과 더불어 주민들 사이에 들끓고 있는 종교적 논쟁 가운데서 윌리엄은 무엇을 할 수 있었겠는가?

다음 해에, 윌리엄은 그의 영향력 있는 사촌 로건을 방문하여 뉴욕의 주지사를 설득하여 선교사 바르토우의 행동을 제지하도록 요청하였다. 하지만 주지사는 그의 제안에 동의하지 않았다. 테넌트는 아마도 어느 날 베드포드(Bedford) 마을로부터 청빙되기까지 그의 첫 미국 목회에서의 2년 동안은 상실감이 컸을 것이다. 아마도 다른 선택을 바라볼 것도 없이 그가 있던 목회지보다 베드포드에서의 일들이 더 나을 것이라는 암시도 없이 윌리엄은 그들의 제안을 받아들였다.

테넌트가 1720년에 베드포드로 이주할 때 마을 사람들은 그를 따뜻하게 환대하였고 윌리엄의 목회가 방해되지 않도록 하였다. 그의 동부 체스터와 아일랜드의 시기에 비하여, 베드포드는 새로운 것임에 틀림없었다. 이 시기에, 윌리엄은 작은 책이라는 뜻의 『Hice Libellus』를 저술하기 시작했고 후대를 위하여 "기억되어진 가치 있는 일들"(matters worthy of being remembered)을 상세히 기록하였다. 그러나 알려지지 않은 이유들로 인하여, 윌리엄은 이 시기에 두 가지 흥미로운 사건을 생략하였다.

첫 번째 사건은 1723년에 일어났는데 윌리엄에게는 너무도 분하게, 그의 아들 길버트가 의학공부를 위하여 신학공부를 포기하였을 때였다. 하지만 길버트의 직업적 우회는 짧았고 그가 결단을 내린 후에 그의 삶을 그리스도에게 재헌신하였으며, 그의 아버지의 지도아래 목회 훈련을 다시 시작하였다. 이 년이 지난 후에 길버트는 학사학위를 취하지 않은 채 석사학위로 예일 대학을 졸업하였다. 사실 그의 예일 대학 교수들은 젊은 테넌트를 "열정적인 부흥의 설교자"로 예언적으로 말하였다.

윌리엄에게 있어서 그리스도를 향하여 학문적이며 열정적으로 뛰어난 그의 첫 아들이자 첫 학생을 바라보는 것은 말로 형용할 수 없는 전율을 가져오게 하는 것임에 틀림없었다. 진정한 목자의 심정을 가진 자들은 — 부모든, 선생이든, 사역자든, 또는 사업을 하는 자든 — 아랫사람들이 성공하는 것뿐만 아니라 자신들의 성공보다도 뛰어나기를 원한다. 진정한 스승들(mentors)은 그들이 계승한 것을 뛰어난 제자들이 계승할 때에만 성공이 가능하다는 것을 알고 있다.

길버트가 예일 대학을 졸업하던 그 해에, 윌리엄은 자신이 예일 대학의 학장으로 고려되고 있음을 알게 되었다. 비록 결국에는 그가 거부하였지만 윌리엄은 아마도 떠오르는 아이비리그(Ivy League) 학교의 학장으로 고려되었다는 것을 영광스럽게 생각했을 것이다.

가난한 삶

이러한 기쁨의 자리에서, 윌리엄은 또한 실망을 직면하였다. 윌리엄은 하늘의 "진정한 재물"의 선한 청지기로 증명되는 동안 이 땅의 재물에 대한 그의 청지기직은 또 다른 문제였다(눅 16:11). 아마도 재정의 잘못된 관리이거나 그의 성도들로부터 부족한 재정적 지원으로 인해서 테넌트 가족은 재정적으로 능력 이상의 채무를 지게 되었다. 사촌 로건은 윌리엄의 재정 능력에 관하여 "나의 지시를 간청할 만큼 그러한 일에 있어서 완전히 재능이 없는 사람. 가난한 테넌트는 이러한 일[사업]에 관하여 아무것도 이해하지 못하였기에 아마 그는 가난하다"고 믿었다.

하지만 테넌트가 형편없는 재정 관리자였기 때문에 테넌트가 궁핍하였다는 로건의 테넌트 평가는 정확한가? 그 당시에, 목회자의 주된 수입의 원천은 전형적으로 교회의 헌금이었다. 이러한 이유에서 그들 가족의 부양과 하나님 나라 사역을 수행하기 위해 영국 국교회에 반대하던 많은 목회자들이 한 번에 여러 교회를 목회하였다. 재정에 있어서, 테넌트는 펜실베이니아로 이주한 후에 벤살렘(Bensalem), 네샤미니(Neshaminy), 딥런(Deep Run), 그리고 뉴타운(Newtown)의 마을에서 목회하였다(네 교회의 몇 교회는 동시에 목회하기도 하였지만 한 번에 모든 교회를 목회한 것은 아니었다).

길버트와 다른 사람들이 뉴저지(New Jersey)에 있는 회중에게 보낸 편지는 그 당시에 직면한 어려운 목회자들에 관하여 조명한다.

슬프게도 우리는 당신들에게 목회자들의 가난과 빈곤에 관하여 말해야 한다. 그들의 사람들과 직면하는 부당한 대우가 복음사역에 있어서 하나님의 봉사 일에 자녀들을 헌신하게 하는 유복한 환경의 부모들을 낙담하게 한다. 수많은 어려움이 수반된 상태로 참여하고자 하는 유능하고 전도유망한 많은 젊은이들을 낙담시킨다. [가난]은 어쩔 수 없이 수많은 충성된 사역자들이 그들이 굶주리는 것보다 그들이 해야 했던 세상적인 관심(그들처럼 작은)의 큰 손해로 이동하게 만들었다.

윌리엄 테넌트에 있어서, 베드포드(Bedford) 회중은 너무나 무거운 짐을 지고 있는 목회자의 필요에 반응하여 200에이커의 땅을 윌리엄에게 헌납하였다. 그 땅은 귀중한 선물로 윌리엄이 사역하는 동안 사역 외의 시간에 "농사를 짓는 일에 주된 정성"을 기울인 것으로 간주되었다. 이것이 성경적인 것은 복음의 사역을 위해서 완전히 "택정함"을(행 13:2; 롬 1:1; 고전 9:1-18) 받은 몇몇 사도들은 사도 바울과 같이 무역의 일을 선택하여 그의 사역의 열심을 도왔다. 혹자는 주장하기를,

로마서 1장 1절과 사도행전 13장 2절에 사용된 헬라어 "택정함"(set apart)은 거룩함을 위한 단어가 아니다. 복음사역과 일반사역 사이의 기능적 차이는 있지만 하나님 앞에서 택함에는 차이가 없다는 것이다.

다른 말로 말하면, 교회의 상황에서 하나님이 누군가를 일하도록 부르셨다면 하나님은 또한 다른 사람을 시장에서 일하도록 부르셨기에 하나님의 안목에서 어떤 부르심이 더 훌륭할 수 없는 것이다(고전 7:17-24).

베드포드 마을에서 윌리엄을 지원하는 일에 더하여, 코네티컷(Connecticut) 식민지의 가까운 다른 마을에서도 수년 동안 "목회자 사례비(minister's rate)"로 그를 도왔다. 심지어 필라델피아 총회는 그에게 재정적인 안정을 보장해 주기 위해서 그의 연 사례비의 75%를 대출해주었다. 하늘만이 초기의 목회자들이 그리스도의 운동을 확장하기 위해 재정적인 어려움으로 고생하였던 것을 안다. 대학교육을 받은 사람들은 교회의 사역보다 쉽게 유리한 직업을 얻을 수 있었다. 대신, 그들은 교회의 사역이 "하늘에 둔 바 다함이 없는 보물이니 거기에는 도적이 가까이 하는 일도 없고 좀도 먹는 일이 없는"(눅 12:33) 훨씬 더 나은 것으로 생각하였다.

네샤미니(Neshaminy)

모든 사람들의 배려에도 불구하고, 테넌트 가족은 여전히 가난하였다. 무엇인가 이루어졌음에도 불구하고, 심한 궁핍은 다시금 그들로 하여금 다른 전망(horizons)을 찾을 수밖에 없었다. 그들이 소유했던 베드포드의 부동산을 매각하여 테넌트 가족은 펜실베이니아 벅스 군(Bucks country)으로 (1720년 중반에) 이주하여 벤살렘(Bensalem)

에서 장로교회 목회를 수행하게 되었다. 단지 재정에만 기초하여 우리가 영적인 결정을 내리는 것을 조심해야 하지만 윌리엄의 이주는 하나님의 주권적인 힘이었다. 벅스 군은 윌리엄의 삶에서 가장 크게 도약할 수 있던 발판이 되었다.

벅스에서 테넌트 가족의 첫 번째 집은 목회자에게 안성맞춤이었는데 그 이유는 필라델피아와 뉴욕 사이의 주요 진입로에 위치하였기 때문이다. 피곤에 지친 여행자들을 환대하는 것은 관례였기에 테넌트 가족은 충분한 사역의 기회들을 가지고 있었다. 그리고 그들에게 명예롭게도, 계속적인 가난에도 불구하고, 그들은 다른 사람에게 계속 베풀었다.

1726년 네샤미니(Neshaminy)라 이름하는 마을에서, 정기적인 만남을 위해 겨울에는 가정에서, 여름에는 헛간에서 윌리엄은 이주자들과 함께 모였다. 다음 해에 회중들은 네샤미니 시내가 흐르는 분기(branch)에 예배당을 짓기로 결정하였다. 부가적으로, 네샤미니의 이름은 원래 원주민들에게 "두 번 물을 마시는 장소"라는 의미로 네샤미니 시내의 분기를 언급하는 것이었다. "네샤미니"는 레니 레나페 부족(Lenni Lenape)의 알곤퀸 언어이다(알곤퀸은 커나나와 북미 동부에 살던 원주민을 의미한다-역자 주).

사촌 로건의 50에이커 땅과 사랑의 헌금으로, 테넌트 가족은 1729년에 임대하였던 집에서 이제 그들 소유의 집으로 이사하였다. 노샘프턴(Northampton)에서 집의 위치가 이상적이었던 이유는 벤살렘과 네샤미니 교회 사이에 편리하게 있었기 때문이었다. 다음 해에, 총회는 테넌트를 연(annual) 총회에 총회의장으로 임명하여 그를 존중하였다. 마치 모든 것이 그를 위해서 준비된 것과 같았다.

하지만 짧은 몇 년 안에 테넌트와 그의 아들들은 그들의 미래를 완전히 파괴할 수 있는 무서운 폭풍을 직면하고 있음을 알게 되었다. 오직 하나님만이 하실 수 있듯이 무서운 폭풍은 대신 테넌트의 젊은 제자들이자 아들들을 부흥운동가로 변화시켰다.

제 4 장
초기의 부흥운동가들
The First Revivalists

> 만약 한 세대가 쇠약하기 시작한다면 그 뒤를 잇는 다음 세대는 통상적으로 하나님이 성령의 기름을 그들에게 부어주기 전까지 더욱 더 몰락하거나 나빠지게 된다.
>
> - 사무엘 윌라드(Samuel Willard, 1640-1707), 하버드 부총장

테넌트 가정에 일격을 가하는 죽음이 시작되기 전, 하나님은 윌리엄의 아들 길버트(Gilbert)를 부흥운동가 조지 휫필드와 같이 대각성운동으로 알려져 많은 사람들이 "위대한 사역의 선구자"로 불리는 사람에게 소개시켜 주었다. 그의 이름은 테오도루스 프레링휘이센(Theodorus Frelinghuysen, 1692-1747)이며, 열정이 있는 독일개혁 목회자로, 그의 열정은 그의 메시지를 듣는 모든 자들을 성나게도 하고 죄도 깨닫게 하였다. 가장 깊게 죄를 깨달은 자는 바로 젊은 길버트였다.

1720년 프레링휘이센이 네덜란드에서 뉴저지에 도착하였을 때 독

일이주자들의 기독교가 "형식주의와 자기 의로움"으로 변화된 것을 발견하고 그의 동료에게 서신을 보냈다.

새 마음의 긴박함은 거의 완전히 망각되었으며, 그리스도인들은 그리스도인의 경험을 비난하는 것에 부끄러워하지 않으며, 많은 자들은 그것을 반대하는 일에 마음이 아주 굳어져 버렸다. 교회는 편리한 대로 참석하고 종교는 단지 일상의 형식적인 추구함이 되어졌다.

라리탄 밸리(Raritan Valley)의 평가에 동의한 윌리엄 테넌트(William Tennent, Jr.)는 다음에 같이 말하고 있다.

[거듭남]은 가장 저속한 것으로 만들어졌다. 그래서 설교자들과 진리의 교수들은 "거듭남"이라는 비웃음에 초청되며 새 교리와 거짓 교리를 소유한 자로 바라본다.

프레링휴이센은 다음의 질문으로 사람들의 양심에 고발하며 편만해진 자기만족에 대항하는 일에 우물쭈물하지 않았다. "당신은 가장 진지하게 당신이 거듭났는지 살펴보았는가?"

복음적인 민감함으로 프레링휴이센은 청중들에게 "자발적으로 일어나 주께로 향하라"고 외쳤다. 더욱이 성찬을 집례하기 전에 그는 오직 "회개한 자, 믿는 자, 경건한 자, 그리고 회심한 자"만이 참여할 수 있다고 선언하였다. 다른 사람들이 성찬에 참여하는 것은 구원자의 구속적인 죽음을 더럽히는 것이었다. 기대하였던 것처럼, 프레링휴이센의 도전적인 메시지는 회중으로 하여금 두 가지 반응을 — 프레링휴이센을 향하여 분개하든 혹은 회개하든 — 불러일으켰다.

자기만족에 직면

프레링휴이센은 "학문의 과정, 교회의 성직 면허, 그리고 합법적인 부르심이 우리를 충성된 파수꾼으로 만들지 못한다"고 믿었다. 특별히 그가 공식적으로 목회자들 중 일부를 "회심하지 않은 목회자들"이라고 비판하였을 때 이러한 신념은 그의 목회 동료들과 함께 충분히 확립되지 않았다. 몇몇의 성직자들과 교회의 회원들은 그가 이단적인 것을 설교한다고 비난하였고 그의 선임자들(superiors)에게 제출하기 위해서 64명이 서명한 146페이지의 고소문을 작성하였다. 프레링휴이센에게 불만인 교회 회원들 중 일부는 동시에 그가 목양했던 네 교회 중 두 교회에서 쫓아내어 들어오지 못하게 하였다. 분명히 이러한 박해를 받은 목사는 예수의 말씀 속에서 위안을 얻었다.

> 사람들이 너희를 출교할 뿐 아니라 때가 이르면 무릇 너희를 죽이는 자가 생각하기를 이것이 하나님을 섬기는 일이라 하리라 그들이 이런 일을 할 것은 아버지와 나를 알지 못함이라(요 16:2-3)

다음 해에(1726년 — 테넌트 가정이 네샤미니로 이주하였던 해), 프레링휴이센의 사역에서 확실한 열매들이 나타났다. 젊은 자와 가난한 자들 사이에서 회심이 일어났으며 또한 그의 교회의 장로들과 집사들 사이에서도 일어났다. 오래지 않아서, 그의 네 교회는 사람들로 넘쳐났다. 1727년의 본격적인 부흥운동은 뉴저지의 라리탄 밸리 지역(Raritan Valley)을 휩쓸었다. 프레링휴이센이 속한 교단 외의 지역 교회에서도 그를 설교자로 초청하였다.

이와 같은 방식으로, 프레링휴이센은 관대하게 자신의 강단을 젊은 장로교 목사 길버트 테넌트에게 열어주었다. 독일개혁교회 부흥운동가조차도 자신의 교회회원들을 격려하여 길버트의 사역을 지원하도록 하였다. 때때로 두 목회자들은 같은 회중들을 향하여 연속적으로 설교하기도 하였다. 비록 그들은 다른 교단출신이지만 그리스도 안에서 그들의 연합은 그들이 소유했을 어떤 신학적인 차이를 초월하였다. 어느 부분에 있어서는, 프레링휴이센과 네 명의 독일개혁주의 목회자들은 암스테르담에서 그들의 선임자들 앞에서 길버트의 사역을 다음과 같이 옹호하였다. "우리의 지지자들 중에 몇 명이 테넌트의 사역에 참여하고 그를 지원하고 있다. 우리는 금할 수도 없고 금해서도 안 된다." 그들의 연합은 복음사역에 있어서 진정한 연합이었다.

비록 독일-개혁주의 교단은 그들의 목회 후보생들에게 목회면허를 암스테르담에 반납할 것을 요구하였지만 프레링휴이센은 대신 지역적으로 미래의 지도자들을 훈련하고 온전케 하는 일을 행하기로 결심하였다. 그는 교회의 "협력자들(helpers)"을 평신도 설교자로 전향하는 일을 시작하였으며, 후에 그들 중 일부는 성찬 집례를 제외하고 그의 목회사역의 임무를 대행하였다. 그는 그 협력자들에게 그의 부재 기간 동안에 교회의 예배를 집례하도록 허락하였다. 더욱이, 그는 미국의 사역학교(the American ministry school)를 세우는 일에 비전을 가지고 있었으며 그 비전은 그의 아들이 퀸스 대학(Queens College, 지금의 러처스 대학, Rutgers University)을 위한 초석을 놓는 일을 도움으로 성취되었다.

그러나 단지 초교파적인 사역의 관계를 넘어서 하늘은 길버트와 프레링휴이센을 위하여 더 많은 것들을 계획하고 있었다. 비록 길버트가 그의 아버지에게 거듭남의 신학(The New Birth Theology)을 배웠더라도 길버트는 그 배움을 회중 가운데 활성화하는 방법에 관하여 프레링휴이센에게서 배울 필요가 있었다. 프레링후이센과 그의 독일-개혁주의 사람들은 길버트로 경건의 질투(godly jealousy)를 일으키게 한 그리스도와 성경에 대한 열정이 있었다(고후 11:2; 히 10:24). 길버트는 회상하기를,

내가 그곳에 갔을 때, 그(프레링휴이센)의 사역의 풍성한 열매를 바라보는 기쁨이 있었다. 그의 청중 안에 몰입하는 자들은 원리, 그리스도의 경험, 그리고 경건의 실천에 기초한 그들의 건전함에 의해서 회심한 사람들이었다.

하나님의 축복을 통하여, 올바른 말씀의 분별의 필요성을 존중하며 적절한 시기에 모든 자에게 그의 분량을 허락하심을 나타내는 그가 나에게 보낸 편지와 더불어, 이 모든 것이 사역의 일에 있어서 나를 격려함으로 위대한 정직(greater earnestness)으로 나아가게 하였다. 성공의 결여에 관하여 나는 무척이나 괴로워하기 시작하였다. 뉴 브룬즈윅에 내가 온 반년 혹은 그 이상 동안에 비록 여러 명의 사람들이 때로 일시적인 영향을 받았다 하더라도 나의 사역에 의해서 어느 누군가 회심하였다는 것을 알지 못하였기 때문이었다.

프레링휴이센과 비교하여 길버트는 그의 삶의 필요를 발견했다. 그는 무력함을 느꼈고 그의 사역의 열매들이 그것을 증명하였다. 그러나 그의 무력함에 대한 단순한 지식으로 충분하지 않았다. 그의 영혼에 깊숙이 역사되어야 할 무언인가를 필요로 하였다. "인간의 한계는 하나님의 기회이다"라고 말하였듯이 길버트는 그의 한계에 도달해야만 했다.

죽음의 위협

윌리엄 테넌트의 세 아들, 길버트(Gilbert), 윌리엄(William, Jr.), 그리고 존(John)은 그들 각자의 삶에서 하나님의 부르심을 찾고 있었으며, 그들은 하나님을 위하여 사역할 수 있는, 그들 앞에 놓인 완전한 인생의 시간을 소유하고 있다고 생각하였었다. 그들이 곧 알게 되었지만 인간의 길이 항상 하나님의 길과 일치하는 것이 아니었다. 그들의 경우, 하나님은 윌리엄의 세 아들로 심한 고난을 겪게 만들었으며 그 결과 그들의 삶에서 "진동할 것들"은 사라지고 "진동치 아니할 것들이 영존하게" 되었다(히 12:27). 그래서 길버트는 변화되어져야 할 첫 번째 사람이었다.

비록 테넌트 형제들이 인간의 죄성과 모든 자들이 그리스도에게 복종해야 함을 아버지로부터 수없이 들었을지라도, 젊은 테넌트 형제들은 신학적인 가르침보다 무엇인가를 더 필요로 하여 보였다. 그들은 하나님과의 대면이 필요하였으며, 그러한 만남은 가르침을 현실로, 말하자면 "물이 포도주로" 변화되는 것이었다(요 2장). 만약 젊은 형제들이 그들 자신을 통하여 "그의 부활의 능력"을 나타내기를 원한다면 그들은 또한 "예수의 고난의 참예"(빌 3:10)하는 것을 필요로 했다. 길버트는 자신에게 일어난 일에 관하여 다음과 같이 기술했다.

병으로 인한 시간 동안 나를 괴롭게 하는 것이 하나님을 만족케 하였으며 그 시간은 나의 영생의 관점에 영향을 미치고 있었다. 내가 매우 슬펐던 것은 하나님을 위하여 너무도 적은 일을 행했기 때문이었고 반년 이상이나 그렇게 살고 싶어 했었다. 만약 이것이 주의 뜻이라면 나는 세상의 무대에 설 것이며, 말하자면, 그의 목적을 위하여 더욱더 성실히 간청할 것이다. 그리고 영혼의 회심을 위하여 성실한 노력을 더욱더 취할 것이다.

따라서 나는 하나님께 일 년 반을 기꺼이 허락하여 주기를 간구하였으며 모든 어려움을 통해 나의 모든 힘을 다하여 그의 나라를 세우는 일에 열심을 다할 것을 결심하였다.

길버트의 인접한 죽음의 경험은 그로 하여금 바른 교리를 소유하고 있는 그 자체가 구원을 위해서 불충분한 것을 확신시켰다. 사람들이 필요로 하는 것은 좀 더 윤리적으로 살아가는 것에 확신하는 것이 아닌 거듭남에 대한 경험을 통한 회심이었다.

그 후에, 윌리엄(William, Jr.)과 존(John)은 폐결핵이 걸렸고, 그들은 죽음의 문을 직면하였다. 길버트는 얼마나 존이 "죄의 확신과 그에게 초래된 위험과 어려움의 상태가 그가 이제껏 보아왔던 어떤 상태보다 가장 심한 것"이었음을 회상하였다. 모든 사람들이 자연스럽게 행하는 것과 같이 그의 형제를 위로하는 대신에 길버트는 존의 삶의 있어서 확신의 역사를 훼방하지 않도록 조심하는 것을 배웠다. 존은 비록 그가 극심한 죄인이 아니더라도 그가 여전히 죄와 지옥에서 구속하여 줄 예수 그리스도가 필요한 죄인이라는 것을 깨닫는 것이 필요했다. 길버트는 존의 깊은 슬픔을 보았다.

마치 사람들이 그들의 삶에서 세속 되지 않았다면, 세속 사람들의 헛된 사상에 논박하는 것은 그들의 깊은 회심이나, 영혼의 부르짖음이 그리스도와의 친밀한 관계를 위해서 필요 없다고 말한다.

길버트는 계속하였다. 4일 후에 존은 "다음과 같은 말을 하였다. '오 형제여, 주님은 나의 영혼에 자비로 오셨다. 나는 개들에게 떨어지는 은혜의 부스러기를 그에게 간청하였고 예수 그리스도는 나에게 부스러기를 줄 것이라고 말했다.'" 한 젊은이의 고뇌를 목격한 가장 존경받는 신사는 얼마나 "이러한 일들의 광경이 종교의 실체에 관한 무신론자를 확신시키기에 충분한 것"이라고 진술하였다. 말할 것도 없이, 존의 간증은 길버트의 깊은 회심과 구원의 경험을 설교할 수 있는 모델이 되었다.

죽은 자의 부활

젊은 윌리엄(William, Jr.)의 삶에는 죽음과 삼일 후 부활에 대한 놀랄만한 사건이 있었다. 미국성서공회의 초기 회장이며 대륙회의(the Continental Congress)의 회장으로 봉직하였고 테넌트 가정의 저명한 친구인 엘리아스 브디노트(Elias Boudinot)의 연구조사 덕분에 윌리엄의 죽음의 경험은 신뢰할만한 것으로 여겨진다(대륙회의는 독립을 전후하여 1774년과 1775-1789년에 각 주의 대표들이 모여서 열린 회의를 말한다-역자 주). 윌리엄의 죽음과 함께 동반되는 여러 증후들 — 차가운 피부, 딱딱하게 굳은 몸, 잠긴 눈, 빳빳한 입술과 더불어 3일 동안 숨이 멈추어 있었다. 그가 다시 생명을 얻은 후에 더욱 더 놀라운 것은, 윌리엄은 나중에 부디노트(Boudinot)에게 그의 죽음을 경험하는 동안에 그가 보았던 것을 말하였다.

나는 경배의 행위와 기쁨의 예배에서 표현할 수 없는 영광의 주변을 감싸고 있는 측량할 수 없는 행복한 존재들을 보았다. 그러나 나는 어떤 육체의 형태나 혹은 영광스러운 형체의 표징은 보지 못하였다. 나는 말로 표현할 수 없는 것을 들었다. 나는 그들의 노래를 들었고 감사의 할렐루야와 말할 수 없는 기쁨의 찬양을 들었다. 나는 형용할 수 없는 기쁨과 영광의 풍성함을 느꼈다.

그런 후에 나는 행복한 무리에 연합할 수 있도록 안내자에게 요청하였다. 그는 나의 어깨를 치며 "당신은 저 세상으로 돌아가야 한다"고 말하였다. 이 말은 마치 나의 심장을 관통하는 것과 같았다. 순간 나는 내 앞에서 의사와 논쟁을 하고 있는 나의 형제 [길버트]를 보았다.

내가 생명이 끊어진 3일 동안의 시간은 단지 10분 혹은 20분도 안 되는 것처럼 보였다. 슬픔과 고난의 세상으로 돌아가야 한다는 생각은 계속적으로 나를 기절시키는 것과 같은 그런 충격을 주는 것이었다. 그것은 내가 보았고 들어왔던 나의 마음의 영향력이었으며, 만약 인간이 이 세상을 넘어 전적으로 살 수 있으며 그 모든 것들이 가능해진다면 나중에 내가 바로 그 사람이었기 때문이다. 내가 깨었을 때 내가 들은 황홀한 노래의 소리와 할렐루야 그리고 형용된 그 말씀들은 적어도 3년 동안 나의 귀에서 들리지 않았다.

죽음과 함께 이루어진 만남은 테넌트 형제들의 본질이 밝혀지는 결정적인 순간이었다. 단지 3년 동안 지속되었다고 할지라도 젊은 존 테넌트(John Tennent)의 삶의 기념으로 길버트가 회상하는 것을 설교하였다.

성난 하나님의 두려움, 깨어진 율법의 위협, 죄성의 참혹함. [존]은 경험에 의해서 알았기 때문에 이 주제를 주장하였다. 완전한 죄인들을 깨우는 가장 효과적이며 확실한 수단으로.

젊은 테넌트 형제들에게, 하나님을 향하여 죄인을 돌아오게 하는 사도적인 접근은 "두려움(경외, terrors)"을 설교하는 것이었다. 즉, 하나님의 거룩한 기준(구약의 법)에 대항하여 공적으로나 사적으로 죄를 지은 모든 자들은 그의 진노에 놓여 있다는 것이었다. 이 주장은 테넌트의 확신, 즉 "율법이 우리를 인도하는 몽학선생"(갈 3:24)과 일치하는 것이었다. "두려움(경외)"에 대한 설교는 테넌트의 "선지자 학교(school of the prophets)" 학생들의 논쟁적인 특징이 되었다.

제 5 장
선지자 학교
School of the Prophets

교육은 양동이에 물을 채우는 것이 아니라 불씨를 지피는 것이다.

- 윌리엄 버틀러 예츠(1865-1939), 시인

외적으로, 윌리엄의 삶의 목적이 거의 다한 듯 보였다. 여기까지 윌리엄 테넌트는 목회를 위하여 그의 세 아들과 젊은 청년 사무엘 블레이어(Samuel Blair, 1712-1751)를 성공적으로 교육하였다. 많은 회중을 목양하는 것에 더하여, 윌리엄은 그의 젊은 아들 찰스(Charles)를 지도하고 있었다. 하지만, 찰스가 목회를 위한 면허를 얻은 후에 윌리엄이 기대하고 나아갈 다른 무엇이 있는가? 나이든 설교자를 위해 하나님은 또 다른 과제를 가지고 계시는가?

1735년 가을에 테넌트 가족은 노샘프턴의 50에이커 집에서 100에이커의 농장이 있는 워미니스터(Warminister)로 이주함으로 신앙의 진보를 취하였다. 그들의 새로운 주택은 네샤미니 교회로부터 1마일 떨어진 가장 번화한 요크 거리(York Road)에 위치해 있었다. 아마도 혹자는 기대하기를 그들의 나이에는 삶을 영위하기 위해 단순하고 더욱더 조용한 곳을 선호할 것이라고 기대하였을 것이다. 하지만 테넌트 부부는 그들의 생각이 진부해지는 것을 거부하였다. 그들의 나이는 은퇴할 시간이 아니라 다시금 불태워야 할 시간이었다. 이렇게 결정되자, 하나님은 그들을 향한 다른 과제를 가지고 계셨다. 그것은 그들을 위하여 로그 대학(the Log College)을 시작할 시간이었다.

훈련의 변화

비록 윌리엄이 죽은 영성에 대항하여 설교를 해왔어도 그가 성공회에 몸담았던 이후로 그의 조국을 하나님께로 돌아오게 하기 위해서는 더욱더 큰 범위의 무엇인가를 필요로 한다는 것을 알고 있었다. 필요했던 것은 무엇보다도 그들의 냉담함을 흔드는 것이었다. 그리고 둘째로 그의 동료들로 하여금 거듭남의 경험이 나라를 구원하는 열쇠임을 알도록 하는 것이었다. 하지만 어떻게 한 사람이 이러한 전국적인 규모의 각성(shaking)을 가져올 수 있을까?

테넌트의 대답은 간단하였지만 쉽지는 않았다 — 바로 그것은 목회자를 훈련하는 방법을 바꾸는 것이었다. 현재 사역훈련의 상태에서 두 가지 문제가 그를 가장 방해하였다. 첫째는 중부나 남부 식민지에 있는 혹자가 전문적인 사역으로 하나님의 부르심(소명)을 받았다면 대부분이 그랬듯이 그도 학비를 조달할 수 없을 것이다. 바로 그때에, 미국의 장로교와 회중교회들은 대부분 유럽과 뉴잉글랜드 대학들을 통한 사역훈련을 수용하고 있었다. 높은 수업료와 교통비를 고려할 때, 많은 식민지 이주민들이 추구해야 할 고등교육은 너무나 비쌌으며 이러한 이유에서 윌리엄은 사역을 위해서 그의 아들들을 아마도 집에서 교육했을 것이다.

테넌트가 직면한 두 번째 문제이며 논쟁은 열정에 불타는 "거듭난" 사역자의 부족이었다. 사실, 지역에 알맞은 학교를 세우는 일은 새로운 설교자들의 수를 증가하는 것이지만 이것이 주요한 문제를 해결할 수 있는 것은 아니었다 ― 그리스도의 교회는 "중생"과 성령이 임재한 지도자를 필요로 하였다. 테넌트에 있어서, 대학교들은 사람들의 가슴보다는 머리에 더욱더 설교하는, 열정이 없는 목회자들을 양성하고 있는 것으로 생각하였다. 그의 열정의 메시지, "회심하지 않은 사역의 위험"(The Danger of an Unconverted Ministry)에서 테넌트의 아들, 길버트는 그 시대의 중생하지 않은 사역자들을 성경의 유명한 바리새인들과 신랄하게 비교하여 어떻게 "그들이 새롭게 거듭남의 경험이 없이 현재의 목회의 자리에 들어오기 되었는지에 관하여" 논하였다.

길버트가 "실천적인 종교의 기초"(the foundation of practical religion)라 불렀던 새로운 거듭남의 용어는 니고데모(Nicodemus)라 불리는 거듭나지 않은 사역자에 대한 그리스도의 선전포고에서 유래하였으며, 오직 '거듭난' 자만이 하나님의 나라를 볼 수 있고 들어갈 수 있는 것이었다(요 3:3-6). 사도 베드로도 새로운 거듭남을 그리스도의 부활의 능력을 경험케 하는 전제로 확신하였다(벧전 1:3).

18세기 미국과 유럽의 대부분의 사람들은 그들이 그리스도인들이라고 잘못 믿어온 그 이유가 침례(세례, Baptism)를 받아 그리스도인이 되고, 선한 일을 행하며, 도덕적으로 살고, 혹은 어떤 특정한 교회의 신조들에 속하는 것으로 믿었기 때문이다. 초기 하버드 대학교의 총장이며 예일 대학교의 창설자인 인크리스 마더(Increase Mather)는 식민지 이주자들이 "단지 시민적이며 외적으로 그들의 교육에 의해 순조롭게 따랐지만 그들은 결코 새로운 거듭남이 무엇을 의미하는지 알지 못하였다"고 보았다. 물론, 누군가가 구원의 본질적인 점으로 — 종교적인 유익과 교리적인 확언에서 떨어진 — 새로운 거듭남을 설교할 때 많은 자들은 거부하였다.

하지만 부흥운동가들은 예수 그리스도와의 개인적 관계를 갖는 것에 비하여 교리적 준거를 강조하는 종교적 동료들의 만연되어진 영적인 무지를 비난하였다. 테넌트의 친구이자 부흥운동가인 조지 휫필드(George Whitefield)는 그의 동료 부흥운동가들의 정서에 관하여 다음과 같이 요약하였다.

설교자들이 알지 못하고 체험되지 못한 예수에 관해 이야기하는 일반성(the generality)에 관하여 난 확신하고 있었다. 왜 회중들이 그렇게 죽었는지에 대한 이유는 그들에게 설교하는 죽은 목회자가 있었기 때문이었다. 오! 주여 그들에게 생기를 불어넣으시고 살려 주소서!

죽은 자들이 어떻게 산 자녀들을 잉태할 수 있을까?

만약 혹자가 목회자에게 그리스도의 새로운 거듭남에 관하여 결코 경험하지 못하였다면 그의 전 생애의 종교적인 헌신의 모든 일이 헛된 것이라고 말할 때 그가 느끼는 모욕이 어떨지 상상해 보라. 더욱더 모욕적인 것은 만약 목회자가 결코 거듭남이 없다면 그는 지옥을 향하여 달려가는 이방인보다 나을 것이 없다는 것이다.

다른 한편으로, 만약 식민지 이주자들과 특별히 목회자들이 회심한다면, 그들의 삶은 놀랍게도 변할 것이며 침체된 영적인 흐름은 전향될 것이다. 바로 이러한 이유 때문에 테넌트 가족은 나라를 구하기 위한 중요한 출발의 장소가 사역훈련의 변화라고 강하게 믿었다.

학교의 탄생

윌리엄이 사역자 학교를 세우고자 하는 생각을 처음으로 갖은 것은 1729년 총회 모임으로 거슬러 올라가는 것이 합당하다. 테넌트를 포함한 모든 사역자들은 "사역을 위한 그들의 젊은 목회 후보생들"을 교육하기 위해서 "그들 가운데 배움의 신학교를 세우는 것"을 필요로 하였다. 하지만 그들이 계획을 상정하였지만 "부분적인 미성숙함 [때문에] 그리고 [사역자들의] 빈곤의 상황으로 불가능하게 되었다." 학교를 설립하겠다는 작은 씨앗의 생각은 테넌트의 마음에서 싹이 나서 결국 1735년에 그 형태가 나타나게 되었다.

긴박한 시간은 종종 긴박한 수단을 요청하기에 테넌트는 현재의 교육적인 형태 밖에서 생각할 수밖에 없었다. 왜 그는 지역적이면서 적절한 사역 훈련을 자신의 집에서는 제공할 수 없을까? 테넌트의 본국에서는 목회를 포함한 많은 전문직을 위한 전문학교와 개인적 견습(apprenticeships)은 흔한 일이었다. 하지만, 여전히 윌리엄의 아들들을 가정에서 교육을 하는 일과 학교를 시작하는 것은 다른 일이었다.

이 점에 있어서 윌리엄은 아마도 마태복음 15장 33-34절을 적용하여 그가 부족한 것에 초점을 맞추기보다는 그가 가지고 있는 것에 초점을 맞추었다. 한 가지 사실은, 윌리엄은 목회면허를 취득하기 위해서 필요한 능력인 라틴어, 히브리어, 그리고 헬라어의 고전 언어를 유창하게 말하였다. 그는 또한 성서교리에 정통하였으며 교리에서 이끌어낸 수년간의 목회적 경험을 가지고 있었다. 무엇보다도 그는 예수 그리스도를 경험적으로 알고 있었다. 더욱이, 테넌트가 목회사역을 위해 성공적으로 자택교육이 가능할 수 있다는 증거는 그의 아들이었다. 왜 그는 이미 시행하고 있는 것을 확장할 수 없을까? 만약에 하나님이 그의 학교를 나라에 영향을 미치는 또 다른 성격적인 훈련 센터 "두란노 서원"(School of Tyrannus)과 같이 변화시킨다면 어떻게 될까? 당시에 한 학생을 통하여 윌리엄은 만연된 냉담함을 변화시킬 수 있었다.

그러나 윌리엄은 신자들을 신앙부흥운동가로 온전케 하는 사역은 장기적인 과정임을 알고 있었다. 그는 아마도 미국의 교회들이 다시 부흥되는 것을 바라보지 못할 것이라고 가정하였지만 이것이 그의 관심사는 아니었다. 테넌트는 단순히 하나님이 그에게 부여한 과제를 수행하는 것을 원하였으며 하나님이 그의 미래를 돌보시도록 하였다. 비전으로 충만한 윌리엄은 부흥운동가들을 위한 그의 학교를 시작할 계획을 펼쳤다.

선지자 학교

1735년에 테넌트 가족이 새로운 보금자리로 이주하였을 시점은 그의 "자택교육"이 종식되고 공식적인 훈련센터로 전향할 적당한 시간이었다. 주변의 숲에서 나무들을 제거한 후에 테넌트 가족은 200스퀘어 길이의 통나무집을 그들의 농가에서 근거리에 건축하였다. 윌리엄의 아들, 찰스(Charles)는 로그 대학을 "거의 20피트 길이의 10피트 폭"으로 기술하였다. 조지 휫필드는 로그 대학이 20피트의 길이와 20피트의 폭을 지녔다고 한다. 부흥운동가이며 친구인 조지 휫필드(George Whitefield)에 따르면, 이 로그 대학(Log College)은 테넌트의 목회동료에 의해서 조롱의 표시로써 그 이름이 불려졌다. 본교는 18세기 대학의 몇 가지 중요한 부분들이 — 예를 들어 규모 있는 도서관과 교수진 — 결여되었기 때문에 총회의 목회자들은 테넌트의 졸업생들에 대해서 높은 기대를 가지고 있지 않았다. 하지만 휫필드는 이 대학이 "구약의 선지자 학교와 유사하다"는 말로 그들의 근시안적인 생각과 공유하지 않았다.

"선지자 학교"의 문구는 베델(Bethel, "하나님의 집"), 나욧(Naioth, "배움의 집"), 그리고 여리고(Jericho, 알려지지 않음)의 성서적인 도시에서 발견된다. 엘리사(Elisha)와 사무엘(Samuel)과 같은 숙련된 선지자들은 예언, 설교, 그리고 음악에 있어서 그들의 제자들을 훈련시켰으며 고대 학교를 운영하였다. 이러한 고대 학교들은 비공식적이었으며 물고기의 무리 때(schools of fish)처럼 관계에 기초하여 세워졌다.

로그 대학(the Log College)을 세우기 전에, 테넌트는 그의 제자들을 그의 가족과 함께 살도록 하였다. 새로운 학생들은 도착하자마자 이러한 멘토링 프로그램이 모든 수업이나 학업으로만 이루어진 것이 아님을 깨닫게 되었다. 테넌트의 가족과 함께 일하고 식사함으로 학생들은 그들 스승의 마음 전가(impartation)를 받았다. 테넌트는 그들에게 그가 어떻게 설교하며, 어떻게 그의 아내, 자녀, 그리고 이웃을 관계하며, 돈을 어떻게 지출하며, 주님과의 교제를 위해 어떻게 시간을 사용하는지 바라보도록 함으로 학생들에게 역할 모델이 되었다. 비록 윌리엄이 많은 양의 사역훈련을 수행하였어도 그의 아내 캐서린(Catherine)은 그의 "침묵의 동역자(silent partner)"와 모든 학생을 위한 어머니의 모습으로 행하였다. 이러한 모든 개인적인 집중은 바로 그의 미래의 부흥운동가들이 필요로 하는 것이었다.

부흥운동가 커리큘럼

테넌트의 모교인 에든버러 대학교(University of Edinburgh)와 나중에 시작한 학생들의 모교 커리큘럼을 연구하여, 로그 대학의 일상적 커리큘럼도 히브리어, 헬라어, 라틴어, 논리학, 철학, 신학, 설교학(설교 기술), 그리고 교회학(교회의 특징과 기능)이 포함되었다. 그 졸업생들의 삶의 성취를 평가한 후에 테넌트는 위의 과목들을 더욱더 강조해야만 했다. 로그 대학의 한 졸업생이 고백하기를 소수의 학생만이 5년 이내에 졸업을 하였으며 "대부분의 학생들은 더욱더 긴 공간과 배움의 시간을 가졌다"고 한다.

하지만 테넌트는 신학과 교회학을 배우는 일보다 목회훈련에 더욱더 필요한 것이 있음을 알았다. 한 시인이 바로 보았듯이 교육은 "양동이에 물을 채우는 것이 아니라 불씨를 지피는 것이었다." 테넌트의 학생들은 그들의 학문을 더욱더 빛나게 해주는 하나님과 하나님의 목적을 위한 열정으로 길버트가 묘사한 "영성과 지성(both piety and learning)"을 필요로 하였다. 그 시간에 젊은 부흥운동가들은 ─ "성경에 능한 자"와 예수 그리스도를 향한 "성령 안에 열심히 있는 자"인 아볼로(Apollos)와 같은 사람들로 성장하여 갔다. 요약하면, 커리큘럼은 "실질(meat)"을 제공하고 그들의 선생은 "열정(fire)"을 제공하는 장소가 로그 대학이었다.

하나님 말씀의 목적은 사람들을 말씀의 하나님으로 인도하는 것으로 테넌트는 이해하였기에 그는 학생들을 하나님의 "훌륭한 스승"(구약의 법)을 사용하여 사람들에게 그들의 잘못을 바라보아 하나님을 따르도록 가르쳤다. 그리고 하나님의 새로운 거듭남을 위한 그들의 필요도 가르쳤다. 요약하면 그들은 신약의 회심을 가져오기 위해서 하나님의 율법을 사용하는데 노력하였다. 초창기 장로교인들이 가장 존경하였던 성경 주석가 매튜 헨리(Matthew Henry, 1662-1714) 또한 복음 선포에 있어서 구약의 거룩한 율법을 사용할 것을 강조하였다.

열매 없는 그리스도인들은 율법의 경외(terrors)함으로 깨워져야 하며, 이것은 묵은 땅을 개간하는 것이며, 그런 후 복음의 약속을 통하여 격려되어져야 하며, 이것이 나무의 비료와 같이 열정이고 풍부함이다. 모든 방법들이 추구되어야 한다. 한 방법은 다른 방법을 준비시키며 모두가 충분하지는 않다.

하지만 강조되어야 할 것은 예수 그리스도의 복음은 하나님의 인자하심을 배제한 정죄하는 방법으로는 결코 제시되지 말아야 한다. 사도 바울이 우리에게 말하고 있듯이, "하나님의 인자하심이 너를 인도하여 회개케 하시며" 우리는 "하나님의 인자와 엄위(severity)"를 바라보아야 하는 것이다(롬 2:4; 11:22). 우리가 다른 사람들을 목양할 때마다, 하나님의 인자하심과 그의 엄위를 선포하는 것이 근본적인 기독교이다. 다른 것을 제외하고 한 가지를 선포하는 것은 불균형의 복음을 전하는 것이며 구원자에 대한 완전히 그릇된 설명이다. 무엇보다도 우리는 이것이 — 우리의 사역이 아닌 — 그들의 죄를 확신시키는 성령의 사역임을 잊지 말아야 한다(요 16:8).

로그 대학의 학생들에게, "경외"를 설교하는 것은 그들의 스승이 가르친 것과 같이 그들의 훈련에 있어서 핵심이 되었다. "하나님은 그 자신이 그리스도에게 인도하는 영혼에게 죄에서 자유케 됨이 이 세상에서 가장 위대한 일이라고 가르친다."

역동적인 교리

테넌트는 오직 하나님만이 "그의 사역자들을 불꽃"으로 삼으실 수 있음을 알고 있었다(히 1:7). 하나님이 "성도를 온전케 하며 봉사의 일을 하게 하기 위하여" 테넌트를 부르셨기에(엡 4:12), 다음의 네 영역에서 성도를 훈련하는 것이 그의 책임이었다.

1. 그들의 인격
2. 그들의 비전/소명
3. 그들의 은사
4. 그들의 신학

인격형성은 로그 대학 커리큘럼에 있어서 근본적인 것이었다. 학생들의 인격적 기초가 든든하여 질수록 그들이 사역을 더욱더 감당할 수 있었다 – 바로 그 기초는 예수 그리스도가 되어야만 했다. 사도 바울은 "각각 어떻게 그 [기초] 위에 세우기를 조심할지니라 이 닦아둔 것 외에 능히 다른 터를 닦아 둘 자가 없으니 이 터는 곧 예수 그리스도라"(고전 3:10-11)고 기록하였다. 테넌트의 학생들이 후에 그들의 삶에서 성취한 것을 고려할 때 테넌트가 어떻게 그들의 삶을 세우도록 도왔었는지 나타낸다.

비록 각 개인이 각자의 삶을 위한 하나님의 계획을 추구하는 책임이 있다 하더라도 그들의 스승은 그들의 은사를 밝혀주고 새로운 훈련을 가르칠 책임이 있었다. 하지만 일단 그들이 사역의 소명으로 부르심을 받았다면 학생들은 하늘의 신임장(heaven's credentials)과 비교하여 인간의 신임장은 아무것도 아님을 마음속에 기억해야만 했다. 주님의 진정한 사역자의 표시는 그들이 어디서 학업을 했거나 혹은 어느 교회를 다녔는가가 중요한 것이 아니라, 그들이 하나님의 신임장을 소유했냐는 것이며 이것은 "이는 먹으로 쓴 것이 아니요 오직 살아계신 하나님의 영으로 한 것이며 또 돌비에 쓴 것이 아니요 오직 육의 심비에 기록한"(고후 3:3) 것이었다.

아마도 사도들인 베드로와 바울을 통해서 테넌트는 그의 학생들을 건전한 성서신학에 기초를 놓은 것이 잠정적으로 죄와 이단에서 그들을 보호하여 줄 것이라고 생각하였다(벧후 3:15-16; 엡 4:11-14). 결과적으로 그들의 미래 청중들은 잠정적으로 안전하게 보호되었다(딤전 4:15-16). 그 이유는 장로교 목회자들이 1648년 "웨스트민스터 신앙고백(Westminster Confession of Faith)"과 교리문답에 많이 의

존하고 있는 것이다. 이 신앙고백과 교리문답은 그들의 신앙고백으로 계시된 모든 성서적 진리를 몇 줄의 문장에 집약하여 쉽게 배우도록 고안된 것이었다. 사실, 장로교 목회자들은 웨스트민스터 신앙고백을 알고 동의할 뿐만 아니라 같은 내용을 그들의 교인들에게 가르쳤다. 하지만 교인들에게 어느 정도 교리에 동의하도록 하는 것은 많은 논쟁을 불러일으켰다.

교회 지도자들의 영적인 건전함을 분명히 시험해 보아야 했음에도 불구하고, 많은 지도자들은 하나님의 부르심을 받은 누구라도 어떻게 "성도에게 단 번에 주신 믿음의 도를 위하여 힘쓰는 것(유 3장)"에 대해 알아야 하는지 이해하지 못하였다. 하나님의 말씀에 우리 모두가 기초가 든든해질수록 예수 그리스도는 우리를 그의 형상으로 변화시켜 주시고 "성경을 억지르 푸는 무식자들과 굳세지 못한 자들"과 같지 않게 하실 것이다(벧후 3:16). 바로 길버트와 다른 목회자들이 일반적으로 "새신자들이 공적으로 가르치며 훈계하는 것"을 금한 이유는 "큰 실수와 큰 무질서와 혼란을 도래할 경향"이 있었기 때문이었다. 이것은 초신자들이 다른 사람을 목양하는 것을 극해야 하는 것이 아니라 그들 자신과 다른 사람의 안전을 위하여 너무 이른 때에 지도자의 위치에 임명되지 말아야 하는 것을 말한다.

만약 우리가 성령으로 행하는 것을 배우지 않는다면(갈 5:16, 25), 올바른 신학 그 자체도 무의미하며 능력도 사라지게 된다. 우리가 성령에 순종하여 행할 때, 성령은 우리로 하여금 "육체의 욕심을 이루지 않도록" 할 것이며 또한 우리로 "모든 진리 가운데로 인도"할 것이다 (갈 5:16; 요 16:3). 사실, "성령으로 행하는 것"(갈 5:25)은 모든 그리스도인들이 주님께 드릴 수 있는 예배의 궁극적인 행위인 것이다.

신학에 있어서, 하나님이 누구신지 그분과의 관계에 있어서 우리가 누구인지 아는 것보다 중요한 것은 없다. 조나단 에드워즈(Jonathan Edwards)는 신학을 시적으로 분석하였다.

큰 이해를 소유하였다고 말하여질 수 있는 꿀의 달콤함을 장황하게 묘사하는 것을 배우는 것이 [신학이] 아니라 맛을 보는 것이 신학이다.

다른 말로 말하면, 신학적 연구는 우리를 가르침에서 주님과의 깊은 교제로 인도해야만 하며 그곳에서 우리는 성경의 각 책의 원 저자와 규칙적으로 만나게 된다. 이것이 바로 태초부터 갖고 계신 하나님의 마음이셨으며 우리는 단지 그분에 관한 것이 아닌 그분을 직접 체험함으로 "하나님의 가르치심을 받아야" 한다(요 6:45).

요약하면 이 모든 것들은 만연된 영적인 무감각에 대한 윌리엄 테넌트의 답변으로 중생과 성령의 능력으로 무장한 신자를 "각 처에서 그리스도를 아는 냄새"가 나게 하는 것이었다(고후 2:14). 하지만 불행하게도, 일부는 테넌트가 행하는 방법에 관하여 기뻐하지 않았다.

그림 1 19세기 화가의 작품 — 테넌트의 로그 대학

제 6 장
사역의 부적합함?
Unqualified for Ministry?

우리의 만족은 오직 하나님께로서 났느니라
저가 또 우리로 새 언약의 일군 되기에 만족케 하셨으니 - 고후 3:5-6

윌리엄 테넌트는 전에도 반대에 직면하였었지만 로그 대학을 시작한 후 그 다음 수년 동안 이와 같은 강력한 반대는 없었다. 1736년 여름에, 필라델피아 장로회 위원들은 그의 새로운 농장을 찾아와 가장 어린 아들 찰스(Charles)의 목회자격을 조사하러 왔다(장로회는 교회의 연합에서 목회자와 장로로 구성된 위원회이다). 테넌트의 마음은 그 아들의 모습, 즉 다음에 설명되는 그의 사역에 대한 실례를 보고 마음이 부풀어 올랐음이 틀림이 없었다. 찰스의 시험은 또한 윌리엄에 대한 개인적인 시험도 되었다. 그 이유는 찰스의 능력이 곧 윌리엄의 훈련 능력을 반영하기 때문이었다.

하지만 이 기억될만한 순간에, 윌리엄의 마음에는 다른 무엇인가 있었다. 그는 장로회 위원회에 질문할 중요한 문제를 가지고 있기에 그 문제를 제기하기 전에 시험이 끝날 때까지 그는 인내함으로 기다렸다.

시험 중인 테넌트 가족

젊은 찰스는 바로 이 날을 위해서 수년 동안 준비해왔다. 그 시험의 첫 번째 영역은 "An Christus sit solus mundi servitor?"(번역하면, 그리스도가 이 세상의 유일한 종과 구세주인가?)의 질문에 라틴어로 주석하는 것이었다. 두 번째 영역은 그리스도 안에서 새로운 피조물에 관하여 이전 것은 지났으니 보라 새것이 되었다는 고린도후서 5장 17절에 관하여 설교하는 것이었다. 바로 이것은 — 새로운 거듭남 — 윌리엄의 훈련의 핵심이 된 것이었다. 세 번째 영역에서 위원회는 찰스의 "기도의 능력", "언어(라틴어, 헬라어, 그리고 히브리어)" 그리고 "예술과 과학, 특히 신학과 성경"에 대한 그의 이해를 확인하였다. 그들은 또한 "그의 영혼의 성결함, 그의 계획들의 경건함과 순결함에 있어서 은혜의 증거들"을 조사하였다.

3일 동안의 시험 마지막 날에 위원회는 윌리엄의 확신을 흔드는 문제들을 어떻게 학생들에게 맡겼는지 기록하였다.

윌리엄 테넌트는 몇 가지 이유를 가지고 위원회에게 자신이 현재 시무하고 있는 네샤미니에서 회중의 적합한 목회자로 존중되고 있는지의 여부를 제안하였다.

지난 10년 동안 그 목회사역의 타당성에 관하여 질문을 제기한 것은 우스운 일이었다. 하지만 그의 네샤미니 교회 안의 당파적인 그룹은 최근에 그의 사임을 촉구하여 소동을 일으켰었다. 심사숙고 한 후에 위원회는 윌리엄에 관하여 판결하였다.

회중 사이에 테넌트의 정식 임명이 없었음에도 불구하고… 여전히 그가 회중에 의해서 공적으로 호칭되었으며 그들의 부름을 수용하였음이 고려중에 있었다. 윌리엄의 주장은 자신이 그들의 목회자임을 인정하는 것이었으며, 이 문제가 공공연하게 집회 장소에서 그들에게 제안되었을 때, 그 공동체는 어떤 반대도 없이 테넌트를 그들 가운데 복음사역의 모든 부분에 있어서 10년 동안 수행하였음을 인정하였다. 그리고 그는 즐곧 함께 해왔고 여전히 본인들의 목사와 적합한 복음사역자임을 모든 자가 제출하였다.

이러한 말들은 문제된 목사를 구제하는 것임에 분명하였지만 불행하게도 문제는 여전히 해결되지 않은 채 남아 있었다. 파벌의 그룹은 그렇게 쉽게 굴복하지는 않았다.

인내의 시험

다음날 장토회의가 있은 후에, "윌리엄 회중의 다른 부류의 탄원자"는 테넌트의 동료들 앞에서, "윌리엄은 단지 본 회중에 [임시적으로 자리매김]한 대리자"에 불과하다고 논쟁하였다. 장로회는 윌리엄의 처소에서 결의된 결정을 무효로 할 것인가? 다시금 장로회는 위원회의 결정을 — 그는 진정으로 "본 회중의 적합한 합법적인 목회자" — 지지함으로 윌리엄은 크게 안심하였다.

하지만 파벌의 그룹은 다시금 패배를 부인하였다. 다음날, 그들은 총회에 호소하였으며 장로회의 판결을 뒤엎기를 소망하였다. 언제나 주의 종이 죄나 큰 잘못과 연관되지 않은 문제들로 그가 섬기고 있던 사람들에게 자신을 변호해야만 하는 일은 항상 수치스러운 일이다. 사도 바울은 "이러한 것들이 무익하고 헛된 것이기" 때문에 우리들에게 불필요한 법적인 의무에 관하여 논쟁과 분쟁을 피하라고 경고한다(딛 3:9). 윌리엄은 사도 야고보의 격려로 큰 위안을 얻어야만 했다.

> 내 형제들아 너희가 여러 가지 시험을 만나거든 온전히 기쁘게 여기라 이는 너희 믿음이 시련이 인내를 만들어 내는 줄 너희가 앎이라인내를 온전히 이루라 이는 너희로 온전하고 구비하여 조금도 부족함이 없게 하려 함이라(약 1:2-4)

1736년 5월 17일 오후에 윌리엄은 그 당시 가장 높은 장로교의 통치 기구인 총회에서 재판을 받았다. 다시금 윌리엄은 그에 대항한 파벌 그룹이 겨냥한 고소에 대답해야 했었다. 하지만 바로 그 시간에 테넌트 홀로 재판에 선 것이 아니라 장로회의 대표단들이 그의 변호를 맡고 있었다. 총회는 장로회의 판결을 지지하고 그를 너샤미니의 목사로 인정할 것인가? 총회는 만장일치로 찬성하였고 윌리엄은 크게 안심하였다.

 필라델피아의 장로회의 결정을 정당화하기 위해서 바로 그 본 항소자들[파벌 그룹]은 장로회의 본 결정에 관하여 항소하거나 호소할 어떤 이유도 가지지 못하였다.

 윌리엄은 합법화되었으며 그 판결은 종료되었다 — 하지만 오래가지는 않았다.
 총회에서 승리한 후 수일이 지난 후에 윌리엄이 속한 장로회는 그의 아들 찰스에게 "지방회가 그에게 기회와 부름이 있는 곳에서는 복음을 전할 수 있는" 자격증을 주었다. 윌리엄에게 찰스의 자격증 허가는 그가 사역을 위해서 사람들을 효과적으로 온전케 하고 있다는 것을 모든 사람에게 보여주는 또 다른 변호였다. 더욱이 같은 해에 윌리엄의 로그 대학 학생 중에 데이비드 알렉산더(David Alexander)가 목회 자격증을 취득하였다. 이제 여섯 명의 졸업생(그의 네 아들, 블레이어[Blair], 그리고 알렉산더[Alexander])은 목회의 현장으로 불렸고 네샤미니의 논쟁은 해결되었으며 윌리엄의 사역은 더욱더 온전히 세워져갔다. 하지만 그의 기쁨도 오래가지는 못하였다.

교회 정책

윌리엄의 재판 판결 후 9개월이 지난 1737년 봄에 파벌 그룹은 일년 전에 기각되었던 경우와 비슷한 또 다른 탄원을 총회에 제출하였다. 하지만 이때, 테넌트를 지지하는 교회의 회원 중 일부가 파벌의 고소에 반대하여 윌리엄을 지지하러 왔다. 총회는 논쟁의 양면을 검토한 후 파벌그룹의 고소를 다음과 같이 판결하였다.

지난해 그들과 연관된 총회의 판결에 대한 비순응의 정당화와 그들의 목사 테넌트에게서 벗어나기를 원하는 요구는(우리에게 비쳐지기는) 어느 정도 무지와 실수, 그리고 (우리가 두려워하듯이) 선입견에 근거를 두고 있어 완전히 불충분하다.

[총회의] 중재자는 본 사람들[파벌 그룹]에게 그러한 근거 없는 불평을 버리고 너무나 오랫동안 빗나갔던 그들의 의무로 되돌아올 것을 제시하였다. 만약 그렇지 않으면 총회는 그들을 풍기문란으로 다룰 책임이 있다.

윌리엄의 동료와 그 교회 회중들이 그의 변호를 위해서 왔다는 것이 윌리엄에게는 얼마나 다행인가! 게다가 총회가 파벌의 행동을 기술함에 있어서 "편견" 그리고 "풍기문란"과 같은 단어를 사용하였기에 우리는 어떻게 이 시간이 파벌의 뒤에 숨은 동기들 — 시기와 이기적인 야심, "시기와 다툼이 있는 곳에는 요란과 모든 악한 일이 있음

(약 3:16)" — 을 밝혀내었는지 보게 된다. 이러한 일은 놀라운 일이 아닌 것은 성경이 우리로 하여금 "파벌들(당파들)"은 "육체의 일이며 이런 일을 하는 자들은 하나님의 나라를 유업으로 받지 못할 것"이라고 말하고 있기 때문이다(갈 5:19-21).

또한, 이 문제는 중죄, 중요한 위법 행위, 또는 근본적인 교리문제에 연관된 것에 의해서 한 지도자를 제거하고자 하는 사건이었다. 지도자를 제거하고자 하는 것은 전혀 다른 문제로 단지 누군가 그의 스타일을 좋아하지 않기 때문이었다. 테넌트의 사건에 있어서 왜 네샤미니의 불만스러운 사람들은 다른 회중으로 옮겨가거나 자신들만의 교회를 시작하지 않았는가? 대신 그들은 "정사와 권세 잡은 자들에게 복종하고 순종하는 것"을 거부함으로 "평안의 매는 줄로 성령의 하나 되게 하신 것을 힘써 지키는 것"을 무시하였다(딛 3:1; 엡 4:3). 사도 바울이 "이단에 속한 사람은 한두 번 훈계한 후에 멀리하라 이러한 사람은 네가 아는 바와 같이 부패하여서 스스로 정죄한 자로서 죄를 짓느니라"는 말씀으로 충고한 것과 같은 사건이었다(딛 3:10-11).

1728년 5월 마지막 주는 여러 가지 이유에 있어서 중요한 해로 증명하였다. 문제는 테넌트가 자신의 강단 시간을 다른 목회자 프랜시스 맥헨리(Francis McHenry)와 교대로 뉴타운 회중(the Newtown congregation)에게 정기적으로 설교하도록 한 장로회의 제안으로 시작되었다. 테넌트에 있어서 뉴타운의 기회는 적어도 네샤미니의 교회 정치로부터 일시적인 모면이었다.

뉴타운 제안이 있은 다음날 총회는 논쟁의 건의사항을 수락하였다. 그것은 필자가 명하기를 순회 법령(Itinerancy Act)으로 목회자가 임명되지 않는 다른 장로회의 경계 안에 있는 교회들과 더불어 어떤 회중에게 모든 목회자로 하여금 자유롭게 설교하도록 허락하는 것이었다. 하지만 만약 어떤 목회자가 사역자가 빈 강단에 설교하러 오는 방문 목회자를 반대하였고, 그 강단이 반대하는 목회자의 장로회의 경계 안에 있는 교회라면 방문 목회자는 그 장로회나 총회로부터 허가를 먼저 얻어야 했다.

예를 들어, 오랫동안 목회자가 부재하였던 교회를 가정해 보자. 그리고 누군가가 한 장로교회 목회자를 한 장로회의 경계 안에 있는 교회 건물이나 헛간(barn)에서 설교하도록 초청하였다. 하지만 만약 그 장로회에서 (약 100마일 떨어진 곳에 살고 있는) 다른 목회자가 방문 목회자의 방문에 동의하지 않는다면 그 반대하는 목회자는 방문할 목회자를 "침입(intrusion)"으로 고소할 수 있었다.

총회에 있어서 이 법령은 목회적인 우대를 증진하는 데 좋은 방법이었다. 하지만 일부는 — 특별히 로그 대학의 지지자들 — 이러한 규정을 우대보다는 관할영역의 보호 차원으로 바라보았다.

그런 후에 로그 대학의 지지자들은 총회, 뉴욕 장로회가 뉴브룬즈윅(New Brunswick) 장로회의 설립을 허락할 때 승리를 거두었다. 왜냐하면 테넌트의 대부분의 지지자들이 새로운 장로회를 주도하고 있었으며, 길버트에 의하면 그들이 이제 신뢰할 수 있는 부흥운동가들에게 기구(mechanism)를 가지고 있었기 때문이다. 하지만 그들의 승리는 단지 며칠을 유지하지 못하였다.

사역의 적합함

뉴브룬즈윅 총회의 신설 후 3일이 지난 후에 루이스 장로회(The Presbytery of Lewes)는 다른 논쟁의 법령을 소개하였는데 그 법령은 궁극적으로 그 교단의 분열을 유발하였다. 이 제안(필자가 명하는 조사법령[Examining Act])은 목회를 위한 후보자의 자격을 제기하였다. 테넌트 가족의 남자들은 집중하여 서기가 읽는 제안을 들었다. 만약 모든 목회자들이 법령의 전제 즉, 그들의 소명으로 사람을 효과적으로 온전케 하기 위한 협력된 노력이 부족하다는 것에 동의하지 않는다면 대부분의 식민지 이주민들은 "유럽과 뉴잉글랜드 대학에서 수년의 과정을 보내는 것"을 감당할 수 없었다.

하지만 서기가 계속적으로 읽어감에 따라 법령은 로그 대학과 같은 특정한 교육적인 프로젝트에 대항한 확신 있는 논쟁을 만들었다.

위대하고 전도유망하지만 뛰어나게 훈련되어진 자들의 부족으로 인하여, 현실적인 부분은 그들의 유익함에 손상을 입힐 것이며, 대중에게는 광범위하게 봉사되어질 수 없으며, 치러야 할 수고함, 부재와 무지(ignorance)함을 향해 길을 포장하는 돌봄이 결국 강한 훈련의 슬픈 결과임을 우리는 알고 있다.

뛰어난 재능과 은사를 지닌 누군가가 하나님의 목적을 위하여 사용하는 대신에 의도적으로 묻어버릴 때마다 슬픈 일이다(마 25:14-30). 만약 사람들이 선한 훈련으로 양육되지 않는다면 그들이 유익하지 못하게 되거나 "그들의 유익함에 손상"을 줄 수도 있다. 하지만 이 제안이 이 시점에 왔을 때 우리는 어떻게 루이스 장로회가 로그 대학을 총회의 부차적인 학교로 만들려는 논쟁의 일을 삼는지 볼 수 있었다.

이 [무지]의 악을 막기 위한 대안으로 겸손하게 제안된 것은 [공인된 학업]의 인가 수업을 받지 못한 모든 학생은 공적인 허가에 의해서 인증된 뉴잉글랜드나 유럽의 대학에서 일반적인 과목을 통과함으로 목회의 성역(the sacred work)을 위하여 장로회에 의해서 격려되어져야 한다. 그리고 그것을 총회에 신청하여, [장로회]는 일년 마다 철학이나 신학, 그리고 언어의 각 영역에서 그들이 알고 있는 재능 있는 자를 장로회 회원의 위원으로 임명함으로, 이러한 분야에서 뛰어난 학생들을 조사하고 각 배움의 영역에서 뛰어난 성취를 이룬 학생들을 찾아내어 총회는 공적인 추천장을 수여해야 한다. 이것이 더 나은 장래의 준비를 이루기까지 대학에서 학위를 취득하는 계획에 대한 어느 정도 답안이 될 것이다.

학생들을 격려하기 위해서 본 계획이 이루어지도록 학교에 참여하는 것보다 더 비싼 비용을 학생들에게 부과하는 것이 없어야 한다. 아무에게도 반대 없이 이루어져야 하며 그곳에서 학생들은 공부하고 오직 우수성에 따라 전적인 격려가 이루어지게 해야 한다.

본 법령은 개인적으로 교육을 받은 목회 후보생들을 향한 어떤 편견도 부정하는 노력의 정당한 협상으로 보였다. 더욱이 제도화된 사역 훈련은 목회 자격증을 위한 유일한 요구사항이 아님을 전 교회적 메시지로 보내졌다. 그리고 대학에서 훈련받는 윌리엄 자신도 충실한 교육을 보장하는 유익에 관하여도 알고 있었다.

하지만 문제는 로그 대학과 같은 학교나 일대일 멘토링과 같은 훈련의 기회들을 대학 훈련의 수준 이하의 것으로 넌지시 비추었다는 것이다. 다음의 학문적인 훈련의 목록에서 총회는 모든 목회 후보생들은 충분한 자격을 갖추어야 함을 요구하였다.

1. 물리학(해부학과 생리학의 고어)
2. 윤리학(도덕성과 사회적 관습)
3. 형이상학(마음과 둘질의 관계성)
4. 기학(하나님, 천사, 그리고 인간의 영혼과 같은 영적인 실체 사이의 관계들)
5. 비평학(문학비평)

총회에 의하면, 테넌트는 그의 학교에서 위의 다섯 가지 학문을 상당히 강조하지는 않았으며, 그 이유는 그것들을 "할 수 없었거나 가르칠 수 없었기" 때문이었다. 하지만 이 한 교수의 진실성에 의하여, 적어도 테넌트는 전통적인 대학자원의 부족에도 불구하고 그의 학생들에게 건전한 신학과 열정을 전가해 줄 수 있었다.

게다가, 만약 그의 학생들이 비-교회학적인 주제들, 예를 들어 물리학과 같은 영역에 있어서 훈련을 요구하였다면 그들은 다른 훈련과정과 다른 학교에 등록할 수 있었을 것이다. 사실, 윌리엄의 학생 중에 존 레드만(John Redman)은 그와 같은 방법을 취하여, 후에 테넌트를 비판하는 자들의 입을 막을 수 있을 성공적인 경력을 이루었다.

미국 의학의 아버지

만약 총회가 멘토링과 비전통적인 대학들의 졸업생들을 기다렸던 제한적인 기회들에 그렇게 관심을 갖는다면, 그들의 걱정은 윌리엄의 학생 존 레드만의 성공에 의해서 잠재워져야 했다. 1744년 레드만은 로그 대학을 졸업한 후에 의과대학에 들어가서 유능한 의사가 되었다. 후에 레드만은 미국의 첫 번째 병원(펜실베이니아 병원)에서 초창기 의료진으로 일을 하였고 필라델피아 의과대학의 첫 학장이며 공동설립자가 되었다.

더욱더 놀라운 것은 레드만 박사는 초기 미국의 가장 유명한 의사 두 명을 가르쳤다. 벤저민 러쉬(Benjamin Rush, 미국 정신의학의 아버지며 독립선언서의 서명자)와 존 모르겐(John Morgan, 미국의 첫 의과대학의 공동 설립자이며 미국 대륙군대의 군의사령관). 따라서 만약 레드만 박사가 미국 의학의 창시자였다면 논리적으로 그의 원 스승(primary teacher)인 윌리엄 테넌트는 대부가 되는 것이다.

조사법령에 따르면 레드만 박사의 로그 대학 교육은 의과부분에 있어서 그를 망쳐놓은 것이었다. 왜냐하면 공인된 학교에서 훈련을 받지 않았기 때문이다. 대신, 테넌트는 의학 언어(라틴어)에서 그를 훈련시켰으며 성서적으로는 그의 세계관을 형성해 주었다. 더욱이 테넌트의 네샤미니 교회의 8대 목사 나다니엘 이르윈(Nathaniel Irwin)은 1793년에 "사회의 직업에서 두드러진 여러 명의 사람들은 본 학원(로그 대학)에서 예술과 언어 훈련을 받았다. 이러한 인물 중에서 가장 뛰어난 인물은 존 레드만(John Redman) 박사"임을 기록하였다.

윌리엄은 오직 강단만을 위하여 사람들을 준비시킨 것이 아니라, 공동체의 리더십을 위하여 준비시켰음을 보여주는 것이었다. 교회사를 강의하는 한 교수조차도 테넌트의 학생들은 그들을 비방하는 자들보다 지적으로나 도덕적으로 뛰어났다. 로그 대학의 커리큘럼은 그 당시의 가장 중요한 세 가지 전문 직업인 의학, 법, 그리고 목회를 위한 기본적인 도구를 충분히 제공하였다.

제 7 장
새벽 미명
Darkness Before the Dawn

한 번의 패배를 마지막 패배로 결코 혼동하지 마라

- F. Scott Fitzgerald(1896-1940), 작가

표면적으로, 총회의 조사법령은 "부적합한" 자들이 목회의 자격증을 얻는 것을 닥도록 하는 데 있었다. 모든 사람들이 교회의 리더십은 존경할하며 믿을 수 있는 사람이어야 하고, 불완전하거나 새롭게 개종한 자를 의미하지 않는 것을 동의하였다(딤전 3:6). 또 다른 지도자의 자질을 갖춘 자는 "싸움하기를 좋아하며" 혹은 "논쟁하는" 자가 되지 말아야 하며(다른 사람들은 이 부분에 있어서 길버트 테넌트가 결격자가 된다고 생각하였다), "존경할만하고" "온화한" 자이며(딤전 2:2-3) "진리의 말씀을 옳게 분별하는 자"가 되어야 했다(딤후 2:15). 테넌트 가족을 포함한 장로교 사역자들은 목회 후브생들에게 인준된 대학에서 얻은 학위증을 제시하거나 "철학, 신학, 그리고 언어의 여러 영역에 있어서 잘 훈련받은" 증거를 제출해야 하는 요구사항을 받아

들였다. 하지만 테넌트 가족은 누가 리더십의 자격을 갖추었는가에 관하여 누가 그것을 결정할 수 있는가 하는 부분에 있어서는 법령을 반대하였다.

교리문서주의자

로그 대학을 일반 대학들에 비해 수준 이하로 암시하는 것에 더하여 법령은 목회 후보자를 위한 시취절차를 변경하였다. 목회 후보자들은 지역적 수준에 의해 장로회를 통하여 검증되어 왔다. 이제, 이 법령은 총회수준으로 적격심사를 향상시켰다. 교리문서주의자들이 총회에서 대부분의 장로회들을 통제하였다는 것을 제외하곤 이것이 문제가 되지 않았다.

교리문서주의 목회자들은 부흥운동가를 반대하였을 뿐만 아니라 "웨스트민스터 신앙고백"의 신조의 모든 항목에 관하여 확고한 준수를 강조하였다. 총회의 수많은 회원들은 어떤 인간이 만든 신조를 신앙의 시금석으로 심하게 고착되는 것을 찬성하지 않았음에도 불구하고 말이다. 길버트는 교리문서주의자는 다음과 같다고 결론을 내렸다.

종교 교육과 역사적 믿음의 결과는 경건의 죽은 형식으로 그들 자신을 만족하게 하였다. 기독교의 능력과 삶을 추구하는 대신에.

교리문서주의자의 교훈은, 우리 마음이 우리 자신을 속여 하나님 말씀에 대한 지적인 찬성함이, 말씀 그 자체 혹은 말씀의 진리 그 자체에 마음의 귀속과 동일한 것으로 믿지 않도록 조심해야 한다는 것이다. 다른 말로 하면, 무엇인가를 지적으로 아는 것이 우리의 삶에 더하여진 것과 같은 것은 아니다. 요한복음 3장 10절에서 하나님의 아들이 영적인 지도자 니고데모를 꾸짖을 때 예수의 꾸지람에 대한 헬라어의 번역은 니고데모가 거듭남에 대한 경험적인 지식이 부족하였음을 나타낸다. 매튜 헨리(Matthew Henry)가 지적하고 있듯이,

성서의 서신에 열심인 것이 인간에게 가능하지만 성서의 능력과 영향에 관하여는 여전히 낯설기만 하다.

따라서 새로운 정치적인 힘이 부여되어 총회를 주도한 교리문서주의자는 그들의 사역기즌에 순순히 따라오는 자로 간주되는 사역자만을 총회의 회원으로 챙길 수 있었다. 만약 이렇게 된다면 로그 대학의 바로 그 사명이 — 교회를 거듭나고, 부흥을 사모하는 사역자로 채우는 것 — 위험에 빠지게 될 것이었다.

수년이 지난 후에, 총회는 뜻 깊은 편지를 예일 대학의 총장에게 작성하여 조사법령이 도입되기 전 장로회들은 "총회의 많은 사람들"이 "충분한 자격"을 소유하지 못한 자들로 판단된 욀리엄의 학생들 중 일부에게 "사역을 인준"하였음을 진술하였다. 총회에 의하면, "이러한 개인적인 방법으로 교육은 받은 자들은 우리가 매우 필요하다고

생각하는 배움의 어느 부분에 있어 유용성을 떨어뜨린다고" 하였다.

교리문서주의자는 "균형이 잡힌" 교육을 경멸하는 목회자는 목회의 소명을 평가절하 하는 것으로 믿었다. 바로 이것이 왜 총회가 이러한 법령들을 통하여 "목회 사역을 위해 젊은 후보생들이 교육을 받아온 모든 사립학교들을 그들의 관리 아래 취하는 것"에 관해 투표를 고려한 이유였다. 부흥운동가들을 두렵게 한 이 내용은 로그 대학 그 자체도 포함되어 있었다. 심사숙고 후에 투표를 할 시간이 다가왔다. 만약 총회가 논쟁의 해결을 충족하기 위해 투표를 한다면 그 영향은 파급효과가 클 것이었다.

테넌트 가족을 놀라게 하는 것은 총회원의 "대부분"이 두 법령을 승인하였다는 것이다. 총회를 주관하는 교리문서주의자에게 이제 "탐탁지 않은" 모든 후보자들을 조사할 수 있는 권한이 부여되었다.

하지만 그의 아버지 학교가 교회의 사형집행에 서 있는 동안에 크게 흥분한 길버트 테넌트는 멍하게 방관할 수는 없었다. 그의 가족은 초창기부터 사역을 세워왔다. 길버트의 아버지가 그의 12년 동안의 삶을 쏟아 부은 바로 꿈이었다. 길버트는 침묵하기를 거부하였다. 투표하는 것에 반대하는 목소리로 그는 "이 투표는 사역을 위하여 은혜로운 자들을 훈련시키는 그의 아버지의 학교를 방해하는 것이라고 소리쳤다." 그에게 있어서 그 가족의 사역 프로젝트의 생존 그 이상의 위험이 있었다. 조사와 순회 법령은 큰 의미에 있어서 사역을 누가 통제하는가에 관한 부흥운동가들과 교리문서주의자 사이의 전쟁선언을 암시하는 것이었다.

투표가 있은 후 바로 총회는 두 개의 조사위원회를 임명하였다. 놀랍게도 북지방의 위원회로는 길버트 테넌트(Gilbert Tennent)와 조나단 딕킨슨(Jonathan Dickinson)이 임명되었으며, 이 두 사람은 후에 로그 대학의 변화된 모습(후에 프린스톤 대학교, Princeton University)을 세우는 공동 설립자가 되었다. 반면에 남지방의 위원회에는 존 탐슨(John Thompson)과 프랜시스 알리슨(Francis Alison)이 임명되었으며, 두 사람은 후에 도래하는 대각성운동(the Great Awakening)의 반대세력을 이끈 인물이었다.

열린 도전

길버트에 의하면 로그 대학의 지지자들은 근본적으로 거듭난 부흥운동가들로 총회를 구성하기 위하여 뉴브룬즈윅 장로회의 설립을 지원하였다. 만약 성공한다면 투표의 대다수는 그들이 선호하는 곳으로 바뀔 것이었다. 하지만 조사 법령 때문에 총회는 이제 완전한 신임 권한(full credential authority)으로 위임되었으며, 뉴브룬즈윅 장로회의 의도는 사라지게 되었다.

뉴브룬즈윅 장로회가 두 달 후에(1738년 8월) 처음 만났을 때 그들의 첫 사역은 로그 대학의 졸업생들인 존 로우랜드(John Rowland)의 사역을 조사하는 것이었다. 이것은 조사법령의 시끄러운 침입이었다. 길버트 테넌트의 새로운 장로회는 논쟁하기를 "그들은 이제껏 장로회가 줄곧 누려온 자유와 능력을 사용함에 본 [조사]법령에 의해서 제지되는 양심의 거리껴지는 부분에 있지 않았다"고 반박하였다.

다음 달에 반역의 장로회(the rebel Presbytery)는 로우랜드(Rowland)에게 전국의 주를 대표하는 복음주의자로써 설교할 수 있는 면허를 발행하여 주었다. 총회의 대부분은 조사와 순회 법령을 수용하도록 규정하였기 때문에, 길버트의 장로회도 제출되어야만 했다. 왜냐하면 특별히 이러한 새로운 규정들이 직접적으로 성경을 반역하지 않았기 때문이다. 하지만 총회의 완강한 도전은 단지 그들을 한층 더 멀어지게 했다.

"지옥의 형벌"이라 불리는 로우랜드에게 있어서(그가 강하게 "경외/두려움"에 대해서 강조하였기 때문에 나중에 불린 이름) 그는 원래 뉴캐슬 장로회(the New Castle Presbytery)가 발행된 면허를 거부하였는데, 그 이유는 그들이 로우랜드를 그들의 교회안내 책자에서 "우리의 요람에 요구된 유용한 배움의 많은 부분에 있어서 놀랍게도 부족한"자로 간주하였기 때문이었다. 비록 로우랜드의 스승, 윌리엄 테넌트가 그의 제자의 능력에 대해서 의구심을 표현하였어도 그의 학생이 먼저 배움의 부족함을 채우기 위해 펜실베이니아의 뉴런던에 위치한 프랜시스 알리슨의 학교(Francis Alison's School)에서 수학하여 윌리엄은 뉴캐슬 총회(the New Castle Presbytery)에 추천하였다. 그럼에도 불구하고 길버트 테넌트의 뉴브룬즈윅 총회는 로우랜드의 기록을 간과하고 그에게서 면허를 박탈하였다.

필라델피아 장로회의 영역 안에 있는 회중은 "그의 면허 부조리"에도 불구하고 뉴브룬즈윅 장로회에 로우랜드를 그들의 강단에서 사역을 수행하도록 간청함으로 로우랜드의 사건은 더욱더 복잡해졌다. 하지만 지역의 목회자는 소위 로우랜드의 침입(intrusion)으로 반대하였으며 순회첩령을 호소하였다. 로우랜드는 경고를 무시하였고 나머지 일을 피할 수 없게 되었다.

두 주 후에 필라델피아 장로회는 "만장일치로 결론내리기를 앞에서 진술한 총회의 명령에 순종함으로 그의 방법이 투명해질 때까지 그들은 로우랜드를 정식으로 면허를 교부한 설교자로 거부하고 또한 그의 설교를 승인하는 것을 거부"하였다. 슬프게도 윌리엄은 본 장로회의 회의에 부재하였으며 그의 전 학생의 평판을 변호하지 못하였다.

더욱이 같은 회의 기간에 네샤미니의 파벌은 테넌트의 교회 회중 가운데 66명에 의해서 결의된 청원서를 제출하기 위해서 재출현하여 장로회에 그들의 연로한 목회자를 도울 수 있는 다른 목회자를 보내달라고 요청하였다. 윌리엄이 부재하였기 때문에 장로회는 이 문제를 해결하기 위해서 다음 달에 네샤미니에서 모일 것을 결의하였다(흥미로운 것은 파벌의 논쟁에 대해서 앞장 선 자 중에는 로우랜드를 침입으로 간주하여 반대한 사역자들이 장본인이었다).

성서는 관계에 있어서 논쟁과 분열이 있을 때마다 그 이유를 바로 누군가 "시기와 다툼"이 그들의 마음에 있기 때문이라고 말한다(약 3:16). 따라서 윌리엄 테넌트는 겸손함과 신중함으로 해결해야만 했다. 네샤미니에서의 회의는 1738년에 소집되었으며, 그곳에서 테넌트와 그의 성실한 회중들은 장로회의에 왜 장로회는 부목사들을 요구한 파벌그룹의 요청을 수락하지 말아야 하는 논거를 제출하였다.

회의가 진행됨에 따라, "테넌트는 자유로우며 즐겁게 부목회자를 취하는 것에 동의하여 더 이상의 논쟁을 종식시킴으로 모든 파벌과 장로회에 매우 만족스러운 것이었다." 감사하게도 그의 열정적인 아들 길버트가 다른 도전의 길을 선택하지 않았다. 대신에 그는 대다수의 소망에 자신을 겸손하게 낮추었으며 두 개의 성서적 훈계를 따랐다.

> 마땅히 주의 종은 다투지 아니하고 모든 사람을 대하여 온유하며 가르치기를 잘하며 참으며(딤후 2:24)
> 할 수 있거든 너희로서는 모든 사람으로 더불어 평화하라(롬 12:18)

하지만 유감스럽게도 네샤미니의 논쟁은 단지 일시적으로 잠잠했으며 더욱더 나쁜 상황이 다가오고 있었다.

좌절의 한 해

만약 윌리엄 테넌트에게 사역에 있어서 가장 절망의 시점이 언제인가 질문되어진다면 아마도 분명히 1739년이 그의 마음에 다가올 것이다. 달갑지 않은 방문을 한 무서운 두 적은 논쟁 법령들(the controversial Acts)과 네샤미니의 파벌이었다. 하지만 윌리엄의 삶에 있어서 가장 비극적인 것은 단 30세의 나이로 그의 외동녀 엘리노르(Eleanor)가 죽음을 맞이한 시간이었다. 그 해에 테넌트 가족이 직면한 위기는 그들의 인내를 최대로 시험하는 것임에 틀림없었다.

총회가 1739년 봄에 좌정되었을 때, 뉴브룬즈윅 장로회(길버트 테넌트에 의해서 인도된)는 논쟁 법령들에 대항한 그들의 서명된 반박문을 소개하였다.

1. 그들은 장로회에서 총회로 힘이 전환된 것을 항의하였다.
2. 그들은 순회법령이 "때를 얻든지 못 얻든지(딤후 4:2)" 말씀을 선포하기 위해서 준비해야 하는 성서적인 명령의 성취를 방해하는 것이며 모든 지역에서 선포되어져야 하는 복음을 향한 바울의 자유로운 태도를 방해하는 것으로 믿었다(빌 1:15-19).
3. 그들은 순회 법령이 목회자들 사이에서 의심을 더욱더 조장하는 것으로 생각하였다.
4. 만약 총회가 그러한 법령들을 통과시킨다면 그들은 잘못된 교리의 잠정적인 확산이 제한되기를 원하였으며 그런 후에 모든 설교자들은 어느 누구도 온전하지 못하다는 이유로 설교하는 것을 그만 두어야 한다고 결론 내렸다.

총회의 회원들이 법령에 관하여 위의 언급된 반박문을 연설한 후에, 그들은 좀 더 엄격한 부록의 초안을 만들어 어떤 목회자의 "침입적인" 순회에 반대하는 어떤 장로회의 어떤 목회자라도 총회에 순방자를 요청할 수 있는 것을 발표하였다. 총회는 이 법령은 "우리 안으로 슬며시 기어들어오는 부적합한 사역자"를 막는 것이라고 반박하였다. 반대로 로그 대학의 지지자들은 법령과 더불어 특별히 이 새로운 부록이 복음사역을 크게 수렁에 빠지게 할 것이라고 믿었다.

총회의 대부분이 이 부록에 관하여 투표하는 동안에 테넌트 가족, 사무엘 블레이어(Samuel Blair), 그리고 다른 다섯 명은 의견을 달리하였다. 더욱이 총회는 공식적으로 "지옥의 형벌" 로우랜드 사역의 신임에 대해서 비난하였으며 면허를 얻기 전까지는 로우랜드를 설교자로 용납하지 않도록 모든 장로회를 조장하였다. 더군다나 총회는 예를 들어 로우랜드에게 목회 면허를 교부하는 것과 같은 "불화를 일으키는 추이"를 사용하였기에 "매우 무질서"해 버린 뉴브룬즈윅 장로회를 훈계하였다. 대부분의 회원들은 비난을 승인하였다.

흥미롭게도 뉴브룬즈윅 장로회가 질책을 당한 몇 시간 후 총회는 "학교 혹은 배움의 신학교" 또는 총회에 소속된 "대학"을 세우는 것을 제정하였다. 더욱이, 이 제정은 만장일치로 통과되었는데, 그것은 로그 대학의 지지자들이 법령에 대한 그들의 양심의 가책에도 불구하고 투표를 행한 것을 의미하였다. 바로 그때에, 사역을 위해 사람을 세우는 일에 관한 모든 자의 비전은 그들의 파벌 정치를 뛰어넘었다.

하지만 총회에 의하면, 길버트는 또한 "그는 대학을 설립하는데 협력을 구하는 우리의 계획에 반대할 수도 있으며 [총회]가 입학원서를 만들 때마다 그는 우리오 반대 입장에 있는 그의 아버지 학교의 젊은 학생들도 유지해야 한다고 경고하였다. 하지만 이것은 길버트와 다른 로그 대학 사람들이 총회가 직영하는 대학을 세우는 것에 승인하였기에 모순되어 보였다.

최후의 부담

처음에 윌리엄 테넌트는 1739년 9월 18일, 필라델피아 장로회의 위원회가 그의 새로운 부목사 프랜시스 맥헨리(Francis McHenry)를 안수하기 위해서 올 때까지 부목사를 취하는 것에 기쁘게 동의하였다. 네샤미니의 설립 이후로 윌리엄은 다른 목회자와 더불어 강단을 정기적으로 공유해 온 것이 처음이었다. 하지만 테넌트에게 더욱더 곤란하게 만든 것은 그가 뉴타운 교회(the Newtown church)에서 맥헨리와 함께 일하였을 때, 윌리엄은 맥헨리가 반-부흥운동가인 교리문서주의자에 우호적인 것을 알고 있었기 때문이었다.

맥헨리의 목사 안수식 동안, 윌리엄은 아마도 이 모든 것을 가져온 교회의 정책에 대해서 웃으려 하고 있었다. 이와 같은 기념적인 행사에도 파벌의 그룹은 교회 설립자를 내몰기 위한 그들의 투쟁을 재소집하였다. 맥헨리의 안수식이 교회의 파벌그룹을 진정시키기를 희망하였다. 하지만 윌리엄이 네샤미니의 목사로 오랫동안 남아있는 동안 그에게 불만을 가지고 있는 회중은 그의 삶을 비참하게 만들려고 결심하였다. 다시 한 번 그들은 고소를 제기하였는데 이때에 그들의 사유는 유리한 점을 가지고 있었다.

필라델피아 장로회는 네샤미니의 새로운 재판을 주재하도록 요청되었으며, 고소내용은 테넌트가 그의 전 학생 로우랜드를 — 같은 해에 총회가 성직을 빼앗은 — 그의 교회에서 설교하도록 허락하였다는 것이었다. 진술하도록 요청되었을 때 테넌트는 "소송을 정당화"하였을 뿐만 아니라 "그 문제를 인지하는 장로회의 권한을 거부하였다." 분개함을 드러내기 위해서 윌리엄은 그 모임과 장로회에서 "오만하게 퇴장"하였다.

아마도 상당히 마지못해 테넌트의 지지자들은 그들의 목사가 "부적절하게 특별히 본 소송을 정당화함으로 약 오르게 하며 장로회에서 무례하게 퇴장하는" 행동을 보인 것에 대한 위원회의 판단에 찬성하였다. 하지만 윌리엄은 너무나 오랫동안 장로회 없이 있는 사람은 아니었다. 4주가 지난 후에 뉴브룬즈윅 장로회는 윌리엄을 초대하여 그들과 같이 합류하기를 청하였다. 하지만 왜 윌리엄이 위원회와 자신의 교회회중 앞에서 무례하게 행동하였는지는 여전히 의문으로 남아 있다.

보강을 필요로 한 시점에 뉴브룬즈윅 장로회는 조나단 에드워즈에게 편지를 보내어 유명한 영국의 부흥운동가들에게 부흥운동 후보생들을 보내달라고 요청하였다. 하지만 에드워즈는 영국도 마찬가지로 같은 딜레마에 처해 있다고 답장하였다. 중부 식민지처럼 영국에도 부흥운동 후보생들이 드물었다. 윌리엄 테넌트의 건강 쇠약과 뉴브룬즈윅의 순회와 더 많은 부흥운동가들의 배출을 막고 있는 교리문서주의자로 인하여 모든 일들은 어두워 보였다. 로그 대학의 미래는 불확실해 보였다.

지평선에서

테넌트를 향한 공격들은 로그 대학을 시작한 후 더욱더 격렬해진 것은 우연히 아닐지도 모른다. 하지만 그가 원하는 모든 것이 하나님의 뜻을 이루며 사람을 섬기는 것일 때 그는 왜 그렇게 싸워야만 했던 이유가 무엇인가? 비록 그가 "우리들의 씨름은 혈과 육에 대한 것이 아닌"(엡 6:12) 것을 알고 있었을 지라도, 분명히 테넌트를 포함한 어느 사람이라도 이렇게 강렬한 시험의 시간에 머문다면 그들 사역의 소명에 대해서 재고할 수 있는 유혹에 처하게 된다. 하지만 그가 얼마나 더 시험을 견뎌낼 수 있을까?

어느 누구도 오해당하고 홀로 괴롭힘 받는 것을 원하지 않는다. 그러나 그들의 삶을 위해 주의 뜻을 좇아가는 모든 자들은 오해, 박해, 그리고 고난을 어느 정도 직면할 것이다(빌 1:29-30; 딤후 3:12). 이것이 하나님의 커리큘럼의 한 부분으로 우리를 승리자로 변화시키는 것이다(요일 5:5). 비록 테넌트가 오해당하고 동료와 교회 회중에게 박해를 받았을지라도 그리스도와 같이 그는 "받으신 고난으로 순종함을 배웠으며"(히 5:8; 행 26:19), 하나님이 그의 마음에 심겨준 "하늘의 비전"을 따르기로 결심하였다.

아마도 힘든 싸움으로 지쳤을 때 윌리엄 테넌트는 그의 마음속에 소용돌이치는 수많은 질문들을 자세히 살펴보았을 것이다. 그는 그의 반대자들이 유리하게 해석하도록 할 것인가? 윌리엄이 잘못된 동기에 그의 사역을 세웠기에 하나님은 심판하고 계신 것인가? 아마도 총회의 목회자들은 윌리엄과 마찬가지로 동일한 목적 — 신자들이 영적으로 온전케 하는 것 — 을 원하였지만 단지 다른 방법을 원하였을 것이다. 만약 이것이 사실이라면 윌리엄과 길버트는 잘못 대응하고 있는 것이었다.

다른 한편으로, 만약 그의 총회 동료들이 그들 자신들만의 방법을 가지고 있었다면 로그 대학에 그가 투자하였던 모든 것 — 그의 시간, 돈, 그리고 마음 — 은 상실될 것이다. 그래서 하나님은 그의 입장에 굳게 서서 로그 대학을 위하여 "믿음의 선한 싸움을"(딤전 6:12) 하기를 원하셨던가? 또는 평화를 유지하기 위해서 완전히 사임해야 하는가?

다행히도 모든 일들은 바로 그 해(1739년)가 다 가기 전에 바뀌어졌다. 교회의 정책에 대해서 모든 파벌의 목회자들이 싸움을 벌이고 있을 때, 하나님은 모든 자들을 놀라게 할 영적인 대각성을 그들의 공동체에 막 부어 주려고 하셨다. 무엇이 교회의 권력 싸움을 크게 야기시킨 것인지는 다음과 같다. 사단은 하나님의 도래하는 움직임을 미리 보았기에 부흥이 이루어지기 전에 장로교 목회자들을 분열시키도록 선제의 공격을 던진 것이다. 그리고 아마도 이것은 왜 하나님이 조지 휫필드(George Whitefield)라는 외부인을 선택하여 그들의 나라를 만지기 위해서 큰 영적인 부흥을 점화한 것을 설명한다.

사진 2   네샤미니-웰윅장로교회
윌리엄 테넌트가 설립했고 목양한 네샤미니-웰윅장로교회, 왈딘스터, 펜실베이니아

제 8 장
대각성운동의 시작
The Awakening Begins

> 하나님께서 놀랄만한 방법으로 그 일을 그의 손이 취하실 때
> 하루나 이틀 후에 놀라운 일들이 이루어졌으며,
> 보통의 시간에서는 일 년이 지난 후에 이루어졌다.
>
> — 조나단 에드워즈(Jonathan Edwards)

말에 올라탄 백발의 윌리엄 테넌트는 필라델피아를 향하여 출발하였으며 그의 임무가 하나님과 연관되어 있음이 증명되기를 소망하였다. 아마도 퀘이커 도시(the Quaker City)에 조지 휫필드가 최근에 도착하였다는 소식은 로그 대학 교장에게는 즐거운 전환점으로 다가왔다. 비록 휫필드가 윌리엄의 막내아들보다 나이가 어리다 하더라도 그에 관한 무엇인가가 69세의 노령의 설교가로 하여금 시대적인 차이를 넘도록 하였다.

이 젊은 영국 국교도 사제는 복음주의자들보다 열정적이었는데, 그는 미국이 이제껏 보아왔던 가장 능력 있는 부흥운동가였다. 더욱이

횟필드는 윌리엄이 사역하였던 모든 것의 전형(epitomized)이었다. 만약 윌리엄이 젊은 독신자 횟필드를 부흥운동가들과 함께 하는 운동에 참여하도록 설득할 수만 있다면 하늘에서 중재된 만남보다 더 할 것이다. 이 세기에 위대한 부흥을 이루게 하는 마지막 걸음이 될 것이었다.

각성의 기원

횟필드의 이야기는 3세기 동안 사람들을 매혹케 하였으며 정말로 그랬다. 그의 삶에 성령의 기름부으심은 그 세기에 비교할 수 없었다. 심지어 영국의 위대한 배우 데이비드 개릭(David Garrick)은 횟필드의 설교는 매우 매력이 있어 그가 단지 단어 "메소포타미아(Mesopotamia)"를 외침으로 청중들의 눈물을 흘리게 하였다고 한다. 스코틀랜드의 철학자 데이비드 흄(David Hume, 무신론자)은 횟필드가 설교하는 것을 듣기 위해서 20마일(약 3.2킬로미터)을 여행할 가치가 있다고 말했다.

따라서 테넌트 가족과 횟필드와의 관계를 이해하는 것은 우리의 이야기에서 아주 중요한 부분이다. 왜냐하면 횟필드가 테넌트의 가족과 함께 협력사역을 하였을 때에 로그 대학의 사람들은 국가적인 영향을 추진시켰다. 그럼 횟필드는 어디서 왔으며 어떻게 능력의 기름부으심을 얻게 되었는가?

24살의 횟필드는 하나님의 대각성운동자가 되기 전에 수많은 장애의 시간들을 이겨내었다. 우선, 그는 아주 심한 사팔 눈이었으며 그의 비평가들은 잔혹하게도 그를 "닥터 사팔 눈(Dr. Squintum)"으로 언급하였다. 그는 가난한 가정에서 태어나서 대학(옥스퍼드 대학교) 내내 일을 할 수 밖에 없었다. 대학에 있는 동안 젊은 휫필드의 영혼은 "지쳤을 때 나의 손을 들어 올릴 수 있으며 나의 연약한 무릎을 힘 있게 해줄 수 있는 영적인 친구들을 갈망하게" 되었다. 그 마음의 갈망은 그가 "나의 인생에서 가장 유익한 방문 중 한 방문"을 하였을 때 응답이 되었다 ― 유명한 웨슬리 형제(Wesley brothers), 존과 찰스(감리교 운동의 창설자)의 친구가 되었다.

웨슬리 가족은 선술집 관리인의 아들을 감싸주었으며 그의 인생을 영원히 변화시킨 책, 「인간의 영혼에 연합된 하나님의 삶」(The Life of God in the Soul of Man)을 주었다.

비록 내가 금식하고, 깨어 기도하며 오랫동안 성찬에 참여하였어도 나는 진정한 종교가 무엇인지, 나의 결코 잊을 수 없는 친구 [찰스 웨슬레]의 손을 통해서 하나님이 나에게 귀한 책을 주기 전까지 알지 못하였다.

그 책의 내용이 그의 영혼에 "즉각적으로 던져졌으며" 다음과 같은 이유로 그의 복음사역의 주제가 되었다.

나의 첫 독서에서 저자가 의미하는 "교회 안으로 들어온 종교에 자리매김한 잘못된 면들, 어느 누구도 해하지 않고, 은밀한 상태의 직무에서 계속되어지며, 때론 그들의 손을 가난한 이웃들에게 뻗쳐 위험을 알린다"는 것에 나는 놀랐다.

"슬프다!" 난 생각하기를 "만약 이것이 참 종교가 아니라면 그럼 무엇인가?" 하나님은 곧 나에게 보여주셨다. 몇 줄을 더 읽어가자 "참 종교는 하나님과 영혼의 연합이며 우리 안에 그리스도가 형성된 것"이 즉각적으로 나의 영혼에 던져졌으며, 바로 그때에 비로소 내가 새로운 피조물이 되어야 함을 알았다.

휫필드가 그의 친척들과 친구들에게 "거듭남과 같은 일이 있음"을 말하였을 때 그들은 그가 미쳤다고 생각하였다. 그는 그의 계시를 침묵하기로 결심하고 "그렇게 하지 않는다면 나의 영혼에서 하나님이 시작하신 선한 일이 어떤 영향을 미치지 못할 것이었다."

자각된 각성자

그동안 휫필드는 웨슬리안 사람들의 지도 아래 있었으며, 곧 그들의 "감리교" 종교적 삶의 방식인 "규정과 방법"을 받아들이게 되었다. 하나님과 친밀하여짐에 대한 더 깊은 갈망으로 휫필드는 아주 극단적으로 치우치기도 하였으며, 심한 자기 연단의 훈련을 강요하기도 하였다. 하지만 그런 후 이러한 그의 힘겨움을 그만두어야 할 운명적인 날이 다가왔다. 순결한 절망과 기진맥진의 상태로 그의 침대에 떨어진 때에 그는 하나님께, "갈급합니다! 내가 갈급합니다!"라고 외쳤다.

"이후에 곧" 휫필드는 회상하기를, "나는 내가 나 자신을 너무나 짓누르고 있는 명에로부터 해방되었음을 발견하고 알게 되었다. 그리고 나는 나의 구월자 하나님 안에서 진정으로 기뻐하는 것이 무엇인지 알았다. 오랫동안 내가 어느 곳에 있든지 시편을 찬송하지 않을 수 없었다."

휫필드는 거듭남을 주험하였다! 그가 이야기하는 것과 같이 바로 이때가,

[하나님]이 나로 하여금 살아있는 믿음으로 그의 독생자 예수를 붙잡도록 하였으며 양자의 영을 허락하심으로 나를 인치시고, 내가 겸손하게 소망하는 바와 같이 영원한 구속의 날로 인도하셨도다. 그러나 아! 풍성하고 형용할 수 없는 기쁨으로 가득한 더욱더 큰 기쁨과 영광의 위대함은 나의 영혼을 채웠으며, 그때 죄의 무거움은 벗어지고 용서하시는 하나님 사랑의 지속적인 인지와 믿음의 완전한 확신이 나의 슬픈 영혼에 엄습하여 왔다.

휫필드는 그의 중생의 경험이 선행을 행함으로 혹은 기독교 진리에

동의함으로 온 것이 아니라 그의 삶을 모든 세대에 "거듭나야 하겠다"(요 3:7)를 선포하시는 자에게 복종함으로 온 것임을 경험하였다. 이것이 조지 휫필드가 성경에 관하여 읽어온 "새롭고 산 길"(히 10:20; 고후 5:20)이었으며, 종교적인 행위와 교리적인 순수성을 요구하는 것이 아니라 "하나님과 화목"하기 위한 것이었다.

새롭게 발견된 사명으로 불타는 휫필드는 "기독교의 세계가 깊게 잠들어 있다! 오직 강한 음성만이 그 깊은 잠에서 깨어나게 할 수 있다고" 확신하였다. 처음에 그의 메시지는 테넌트의 "경외"와 같지 않았다. 휫필드의 메시지는 더욱더 감성에 호소하는 것으로, 그 메시지의 중간에 그는 때때로 눈물을 흘리곤 하였다. 한때 청중 앞에서 울고 있을 때 휫필드는,

당신들은 내가 울고 있음으로 비난하겠지만, 비록 당신의 영혼들이 멸망의 끝에 있음에도 불구하고 당신 자신을 위하여 울지 않을 때에 내가 어떻게 도울 수 있을까. 내가 알고 있는 한 당신은 이제 당신의 마지막 설교를 듣고 있는 것이다!

비록 안수 받은 영국국교의 사제이지만 휫필드는 교단적인 가입과는 상관없이 동일한 거듭남의 경험을 같이 나누는 어느 누구라도 형제임을 느꼈다. 따라서 젊은 부흥운동가 휫필드는 테넌트를 1739년 11월에 만났을 때 "그 시대 하나님의 사람"이 아니라 서로에게 배우기

를 원하였던 — 필요로 한 — 겸손한 제자의 자세를 취하게 되었다.

팀의 만남

비록 휫필드가 중부 식민지를 방문한 목적이 그가 조지아(Georgia)에 세운 고아원을 위해 자금마련을 위한 것이었지만, 하나님은 그를 향한 또 다른 계획을 가지고 계셨다. 왜냐하면 휫필드는 그의 생애를 위하여 하나님이 특별한 계획을 가지고 계셨음을 알고 있었고, 다음 세대를 위하여 그의 여행을 준비하셨음을 강하게 느꼈다.

감사하게도 일련의 사건 중 하나는 윌리엄 테넌트와의 중대한 만남이었다. 나중에 밝혀지게 되지만 이 젊은 휫필드를 기다리고 있던 하나님의 많은 연결 중에 그 첫 번째가 바로 이 만남이었다.

1739년 11월 10일, 머리가 흰 예수의 제자이자 군사인 테넌트의 방문이 크게 위로가 되었다. 테넌트는 필라델피아에서 20마일 떨어진 곳에서 학교를 운영하고 있었으며, 총회의 대다수가 암암리에 그와 그의 아들 모두를 무시하고 있음을 나는 발견하였으며, [감옥에서 설교하고] 스웨덴의 사역자 그리고 테넌트와 함께 집으로 돌아왔다. 하나님의 일들에 대하여 그들과 대화하였으며.

곧 며칠 후에 뉴브룬즈윅에서, 휫필드는 자신의 영적 스승을 발견하였는데, 그는 그의 친구 존 웨슬리와 같은 해에 출생하였으며 그가 막 만났던 "흰 머리가 성성한 사도(disciple)"의 아들이었다.

여기서 우리는 길버트 테넌트 동료와의 만남으로 무척이나 새로웠는데, 그는 약 40세 정도의 비국교도이며 토요일에 필라델피아에서 나를 보기 위해서 온 선한 노인의 아들이었다. 하나님은 그의 사역을 취하심을 너무나 기쁘게 여기시는 것을 나는 알았다. 그와 그의 동료들은 미국의 한 부분을 불태우며 빛내고 있었다. 저녁에 테넌트의 집회 장소에서 설교하였다.

길버트가 전혀 알지 못하는 영국 국교회 젊은 사제에게 그의 장로교회에서 설교하도록 한 것은 상당히 관대한 일이었다. 다음날 휫필드는 새로운 여정의 동료를 발견하였다.

브룬즈윅에서 출발할 때 나의 사랑하는 동료, 나의 가장 귀한 형제이며 사역자인 테넌트와 동행하게 되었다. 동행함에 따라 우리는 동의하였듯이 우리의 가장 많은 시간을 우리의 영혼을 위해서 하나님이 행하신 일들에 대해서 서로 나누며 보냈다. 그는 그의 마음과 씨름하고 있는 많은 예증을 이야기했으며, 마침내 은혜가 어떻게 하나님을 대항한 그의 모든 대적자들을 향하여 승리하였는지 말해 주었다.

곧 휫필드에게 깊게 영향을 준 길버트의 한 면을 바라보았을 때 뉴욕에서 겸손의 때가 다가왔다.

나는 길버트 테넌트가 설교하는 것들 듣기 위해서 집회 장소에 갔으며 그렇게 성령을 도드내는 설교를 이전에 결코 들은 적이 없었다. 길버트가 나에게 더욱더 확신시켜 준 것은 우리의 마음에 역사하는 복음의 능력을 경험한 것 이상의 그리스도의 복음을 전파할 수 없다는 것이다. 죄의 선고를 받은 존재는 하나님의 성령에 의해 그의 첫 회심에서 죄인의 마음을 쪼개는 것을 경험적으로 알게 되었다. 그는 우뢰의 아들(a son of Thunder)이었으며 인간의 얼굴을 두려워하지 않았다. 우뢰의 아들은 예수 그리스도가 제자 야고보(James)와 요한(John)에게 붙인 이름이다(막 3:17 참조).

설교 후에 우리는 노클(Mr. Noble)의 집에서 저녁을 함께 보냈다. 나의 영혼은 겸손하게 되었고 하나님의 자비하심으로 녹아졌으며 하나님의 일에 대해서 내가 얼마나 어리고 초보자인지 더욱더 알게 되었다.

균형을 찾기

일주일이 못 지나서, 휫필드는 하나님이 로그 대학의 비전을 다음 단계로 취하시기 위해 사용할 사람에게 — 조나단 딕킨슨(Jonathan Dickinson) — 소개되었다. 비록 딕킨슨이 그의 총명함과 균형감각으로 유명하였더라도 그는 처음부터 부흥운동가에 대한 확실한 지지자가 아니었다. 휫필드가 10월에 도착하기 3주 전에 딕킨슨은 그의 소책자, 「분열과 논쟁의 위험」(Danger of Schisms and Contentions)을 통해서 부흥운동가와 교리문서주의자들 사이의 총회 논쟁을 해결하기 위해서 노력하고 있었다. 만약 교리문서주의자들과 부흥운동가들 모두가 딕킨슨의 메시지를 경청하였다면 그들 자신들을 살릴 수도 있었으며 그 다음 해에 심한 고통에서 서로를 구할 수 있었을 것이다.

딕킨슨은 설교 소책자에서 은사나 부족함에 근거하여 목회자를 불공평하게 판단하는 문제에 대해서 논하였다.

하나님이 뛰어난 은사와 은혜를 주었기 때문에 한 목회자를 헐뜯고 비난해야만 하는가? 아볼로의 웅변술 때문에 바울이 멸시함을 당해야만 했는가? 혹은 바울이 모든 뛰어난 성령의 은사로 아볼로를 능가했기 때문에 아볼로가 모욕당하며 대우받았는가? 모두가 다 우뢰(Thunder)의 아들들인가? 아니다! "하나님이 그 원하시는 대로 지체를 각각 몸에 두셨다"(고전 12:18). 우리는 "그리스도의 일군이요 하나님의 비밀을 맡은 자"(고전 4:1), 주의 사람으로 헌신된 놀랄만한 신뢰를 나타내는 모든 자를 존중하고 높게 평가해야 한다.

그런 후 딕킨슨은 포괄적인 방법으로 사람들의 거듭남 경험을 분별없게 판단하는 목회자 문제를 논하였는데 그것은 교리문서주의자들과 부흥운동가들 모두가 서로의 하는 일에 비난하는 것이었다.

"이스라엘의 거룩한 자"를 우리가 제한할 예정인가? 혹은 어떤 특별한 혹은 특이한 방법에 하나님의 은혜의 역사함을 구속할 수 있을까? 하나님의 성령이 다양한 방법, 수단, 그리고 단계에서 죄인들에게 그들의 죄와 위험을 깨닫게 하고 있는 계속적인 관찰이 우리를 확신시키지 못하고 있는가? 그리고 세상의 보호 상태에서 죄인들을 하나님의 자비의 발등상 아래로 데려오고 있지 않은가?

그의 분열에 관한 설교를 작성하고 한 달 후에, 딕킨슨은 휫필드를 초청하여 그의 교회 700명의 회중에게 말씀을 전하도록 하였다. 당당하게 휫필드는 "불의에서 진리를 소유하여 낡아빠지고 공론에 치우진 은혜의 교리지식을 붙잡고 있으며 결코 그들의 마음에서 능력을 경험하지 못한 비국교도들인 목회자들과 회중을 향하여" 설교하였다.

네샤미니의 부흥

딕킨슨을 방문한 후에 휫필드는 "모든 지역에서 도인 큰 회중"을 대상으로 설교하기 위해 길버트의 교회로 돌아왔다. 여기서 그는 "예수 그리스도의 소중한 군사", 길버트의 다른 스승 프레링후이센(Frelinghuysen)과 그 다음 날에 "지옥의 불" 로우랜드를 단났다. 마치 하나님은 휫필드를 미국의 부흥운동가들에게 소개하고 있는 듯했다. 그런 후에 휫필드는 "두 번 물을 마시는 장소" ― 네샤미니에 역사적인 방문을 하였다.

1739년 11월 22일 — 네샤미니를 향하여 출발. 그곳은 노장 테넌트가 살고 있으며 학원을 유지하고 있었고 나는 그곳에서 약속에 따라 금일 설교하기로 되어 있었다. 우리가 12시에 그곳에 도착하였을 때 3천 명이 넘는 사람들이 집회 장소에 모여 있는 것을 발견하였다. 그리고 우리가 약속 시간을 넘어서 도착하였기 때문에 윌리엄 테넌트는 그들에게 이미 설교하고 있었다.

내가 나타났을 때 그는 곧 설교를 멈추고 시편을 노래하였으며 나는 곧 설교하기 시작하였다. 처음에 사람들은 감동받지 않았지만 나의 강론의 중간에 왔을 때 청중들은 녹아내리며 울기 시작하였다. 내가 설교를 끝냈을 때, 길버트는 권고의 말을 전하였다.

그런 후에 휫필드는 후손들을 위해서 테넌트 가족의 삶의 장면을 기록하였다.

우리의 모임이 끝난 후에 우리는 연로한 테넌트에게 갔는데 그는 우리를 마치 고대 족장의 한 사람으로 환대하였다. 그의 아내는 마치 엘리사벳(Elizabeth)과 같았고 그는 스가랴(Zechariah)처럼 보였다. 내가 발견한 것은 그 둘은 비난을 받을 만한 것이 없이 주님의 계명과 율법 안에서 행하는 자들이었다. 우리는 서로 너무나 달콤한 대화를 나누었으며 주의 나라를 확장하기 위한 계획을 세우며 그 밤을 보냈다.

네샤미니를 방문하는 동안 휫필드는 미국 장로교 부흥의 원천 — 로그 대학을 보았다. 또한 이때에 휫필드는 뉴브룬즈윅 장로회를 세우기 위한 테넌트의 계획을 알게 되었다.

매우 조심스럽게 테넌트와 그의 형제들은 총회에 의해 장로회에 임명되었으며 그 결과 그들은 은혜가 넘치는 젊은 목회 후보생들을 양육하며 주의 포도원에 파송하고자 계획하였다.

젊은이들이 현재 공부하고 있는 장소는 경멸조으로 "대학(the College)"이라고 불렀다. 그 대학은 통나무집으로 약 20피트(feet) 길이였으며 폭도 거의 비슷하였다. 나에게 이 학교는 구약의 선지자 학교와 유사하게 보였다. 그들의 거처는 초라하였으며 그들이 추구했던 것은 그들 자신을 위한 위대한 일이 아니었고 성서의 본문에서 기인한 분명한 것이었다.

휫필드의 "구약의 선지자 학교(schools of the old prophets)" 비유는 구약의 선지자 사무엘(Samuel)과 엘리사(Elisha)가 인도한 사람을 준비시키는 학교를 의미하였다. 휫필드는 테넌트의 학교에 관한 언급을 계속하였다.

경멸되는 장소에서 7-8명의 소중한 예수 그리스도의 사역자들은 최근에 파송되었다. 더 많은 자들이 이제 파송되기 위해서 거의 준비되었다. 그리고 기초는 이제 많은 사람들을 가르치기 위해서 놓여졌다. 사단은 분명히 그들을 대항하여 사납게 날뛸 것이지만 내가 확신하는 것은 그 일은 하나님의 일이며 실패로 돌아가지 않을 것이다.

세상의 목회자들은 그들을 강하게 반대하였다. 테넌트와 그의 형제들에 의해서 각성된 사람들은 세상의 목회자들을 꿰뚫어 보았기에 그들의 사역지를 떠나게 되어 가난한 테넌트와 그의 형제들의 사역은 비난으로 가중되었으며 세상을 전복시키는 자들로 경멸되었다.

다음날 휫필드는 "존경하는 테넌트와 그의 소중한 동역자들에게, 우리의 기도 가운데 공적으로 서로를 기억할 것을 약속하고" 떠났다.

영적 전쟁

두서너 달 후에 휫필드가 윌리엄 테넌트에게 보낸 편지에서 그는 테넌트를 향한 놀라운 기도를 포함하고 있었으며, 만약 우리 중에 모두가 서로를 위하여 이와 같이 중보기도를 한다면 예수 그리스도의 교회가 얼마나 놀랍도록 달라질지 누가 알겠는가.

당신은 하늘로부터 새로운 기름부으심과 가르침을 경험하게 될 것이다. 속사람 안에서 주의 권능의 힘으로 당신을 강하게 하여 주실 것이며 날마다 사단의 요새를 무너뜨릴 것이다.

휫필드는 로그 대학을 위한 싸움이 불화가 아니라 "혈과 육에 대한 것이 아니요 정사와 권세와 이 어두움의 세상 주관자들과 하늘에 있는 악의 영들에게 대함"(엡 6:12)임을 바르게 분별하였다. 비록 식민지 목회자들의 상당수가 그들 자신들이 로그 대학을 반대하는 것이 하나님의 일을 행하고 있다고 생각하더라도(요 6:12), 부흥운동가들은 그들의 싸움이 사람을 대적하여 싸우는 것이 아니라 거짓과 잘못된 생각의 요새를 통하여 사람들을 묶고 있는 악한 영의 세력을 대적하여 싸우고 있음을 상기하는 것이 필요했다.

휫필드가 네샤미니를 재방문하였을 때 그의 동역자 윌리엄 시워드(William Seward)는 그 장면을 연대순으로 기록하였다.

윌리엄 테넌트, 그의 아내, 그리고 예수 그리스도의 젊은 사도들과 좋은 대화를 가졌다. 오! 우리의 형제 휫필드와 웨슬리[감리교] 협회(Wesley's Society)를 제외한 옥스퍼드 대학과 캠브리지 대학보다도 이 작은 통나무집이 십년 내에 경건한 사역자를 더 배출하였다면 인간의 배움에 던져진 부끄러움이 아닌가!

휫필드와 나는 선지학교의 후원을 위해 서로에게 중요한 것을 주었으며 그것은 아마도 올바르게 선지자 학교로 불러질 것이다. 만약 우리의 훌륭한 학생들이 그들을 바라보게 될 때 그들은 불쌍한 바보들의 한 묶음으로 경멸하여 바라볼 것이다.

이것은 주께서 지혜 있는 자들을 부끄럽게 하시려고 멸시당하는 자들을 선택하시는 주님의 전형적인 방법이었다(고전 1:27-28). 더군다나 휫필드와 시워드(Seward)는 이 사역이 여전히 유아기에 있을지라도 이 사역에 투자할 충분한 비전을 가지고 있었다.

마음에 합한 영혼들

비록 길버트가 휫필드보다 10살이나 나이가 많았지만 두 사람은 마음이 합한 사람들이었다. 그리스도 안에서 그의 영국 국교도의 형제가 로그 대학을 방문하고 한 주가 지난 후에 길버트가 휫필드에게 보낸 편지에서 특별히 두드러진다.

뉴욕에서 하나님을 위한 당신의 용기와 사역을 보았을 때 나는 당신[휫필드]과 같이 어떤 이방인에게 강하고 열정이 넘치는 애정으로 영향을 주는 그러한 자를 발견한 적이 없었다고 생각한다. 나는 당신과 함께 기꺼이 죽거나 당신을 위해서 죽을 마음의 자원함이 내 안에 있음을 발견하였다. 만약 창이 당신의 가슴을 향하여 겨누어진다면 나는 기꺼이 당신의 죽음을 막기 위해서 내가 그 찔림을 받을 수 있다고 나는 생각한다. 내가 당신과 함께 했던 대부분의 시간동안 거의 말이 없던 이유는 내가 가진 나의 무지와 무능함에 대한 부끄러움 때문이었다.

당신이 이곳에 있은 이후로 [뉴브룬즈윅에 있는] 나의 사람들 사이에서 나는 그들의 집에서 그 영혼의 상태를 철저하게 다루고 있었으며 그들의 경험까지 하나하나 면밀히 살피고, 세상의 사람들에게 그 상태의 위험을 말하였다. 그리고 그들이 온전히 안전하게 보장되도록 권고하며 예수 그리스도를 찾기에 확신하도록 그들을 촉구하였다. 경건한 자들의 잘못을 훈계하였다.

길버트와 같은 누군가가 "나의 나라" 혹은 "나의 사역" 대신 "하나님의 나라"의 관점을 소유하고 있을 때 그들을 제압하며 능가하는 다른 사람들에 의해서 위협당하지 않는다. 그들은 온 이스라엘과 유다에 위대한 영향을 미친 침례(세례) 요한과 같은 심중을 소유하였으며 예수가 하나님의 사역을 확대하는 동안에 헌신적으로 자신의 사역을 줄이는 자들이다.

그런 후에 길버트는 휫필드에게 보내는 편지를 마무리하면서 "스코틀랜드와 영국에 있는 나의 형제들의 사립학원과 그리고 나의 아버지의 학교를 하나님이 번영케 하시며 그의 백성으로 하여금 학교를 지원하도록 마음이 열리기를" 기도하였다.

그들의 영역 밖

비록 테넌트 형제들과 여러 로그 대학 졸업생들이 팀을 이루어 새로운 거듭남의 메시지를 전파하였어도 그들은 자신들을 겸손하게 하여 다른 교단의 영역 밖에서 비전을 쫓는 사람들 — 예를 들어, 휫필드(영국 국교도), 프레링휴이센(독일 개혁교), 조나단 에드워즈(회중교) — 과 함께 일하기도 하고 그들로부터 배우기도 하였다. 왜냐하면 예수 그리스도는 그들의 공통분모였기 때문이며 그들은 누가 "심었고" 누가 "물을 주었으며"에 관심이 있는 것이 아닌 "하나님이 자라게 하신 것"에 관심을 두었다(고전 3:6). 휫필드가 말하고 있듯이 그들은 단지 "무엇이든 모든 교파 안에서 참되고 성결한 종교의 부흥"을 보기를 원했다.

그들과 연합된 또 다른 학교의 설립자는 독일-개혁교 목회자인 피터 도르시우스(Peter Henry Dorsius)였다. 흥미롭게도 도르시우스는 독일-개혁교단에 속한 미국 목회사역교육의 설립자로 윌리엄 테넌트의 이웃이기도 하였다. 1737년 가을 윌리엄이 파벌 그룹과 씨름하고 있을 동안에 도르시우스는 교회 목회를 위해서 네샤미니에 도착하였다. 도르시우스의 학생 중 존 궤치우스(John Henry Goetschius)는 독일 이주민들 사이에서 영적인 각성을 증진시키 데 있어 프레링휴이센 다음으로 버금가는 자가 되었다.

길버트 테넌트와 프레링휴이센은 목회사역을 위하여 궤치우스를 테스트한 후에, 오직 유럽에서만 안수가 시취되어야 할 시점에 길버트, 프레링휴이센, 그리고 도르시우스는 불법적으로 궤치우스에게 안수하였다. 후에 프레링휴이센의 아들과 궤치우스는 퀸스 대학(Queens College, 지금은 러취스 대학)을 설립하도록 도운 일로 알려지게 되었다. 흥미로운 것은 러취스 대학을 위한 창립 비전의 일부분이 "선지자의 학교가 되는 곳으로 그곳에서 젊은 레위인들(Levites)과 하나님의 나실인들(Nazarites)이 하나님의 교회의 성스러운 사역의 장으로 들어가기 위해 준비하는 것"이었다.

유럽의 종교거혁 기간동안 주요한 교단들의 탄생이 있던 때에 대각성운동은 또 다른 종교개혁을 경험하는 때였다.

하지만 대각성운동에서 윌리엄 테넌트가 자리매김한 것은 무엇인가? 대부분은 그가 협력하는 역할이었지 중요한 인물로 바라보지는 않는다. 하지만 하나님의 원리에 있어서, 최전선에서 일하든 혹은 협력하는 자든 충성을 다하는 자들은 공정한 분깃의 상급을 모두 받게 된다(삼상 30:24-25; 마 20:12-16). 비록 테넌트가 아직 수많은 군중을 회심시키는 일에 직접적으로 관여하지 않았더라도 그의 헌신적인 "사랑의 수고"(살전 1:3)를 통하여 많은 자들을 온전케 만들어서 그들로 군중을 복음화시켜 온전케 하였다. 길버트는 그의 아버지의 노력을 다음과 같이 찬사하였다.

무엇이나 비난하던 사람들이 나의 자랑스러운 아버지의 가르침 아래 로그 대학에 맡겨짐을 기뻐하였다. 이 땅에 경건한 많은 무리는 생명의 기독교의 진정 숭고한 목적을 전파하는 일에 두드러지게 성공적으로 헌신해온 자들을 증거할 수 있다.

교회 안으로 더욱더 많은 충성된 사역자들을 채용하는 것이 가르침의 목적이기 대문에, 경험적이며 실천적인 종교는 인간의 배움과 더불어 증진되어 영광스러운 하나님을(그의 이름을 높이며) 기쁘게 하여 하나님은 하나님의 영광과 교회를 섬기기 위해서 준비되어온 겸손한 노력에 기쁨의 웃음을 지으며 면류관을 씌우신다.

제 9 장
부흥 가운데 생존
Survival Amidst Revival

논쟁과 다툼의 근거인 모든 의무를 우리는 멈추어야 하는가?
그런 후에 우리는 능력의 종교를 함께 종식해야만 한다.

- 길버트 테넌트(Gilbert Tennent)

미국에서 처음으로 다각성운동이 시작되었을 때 대부분의 사람들은 흘러가는 일시적인 것으로 생각하였고 거의 30년 동안 성쇠(ebb and flow)가 될 것이라고 생각지 못하였다. 1740년 최고 절정의 시간 동안 들리는 바에 의하면 모든 공동체는 그들의 죄를 자복하였다고 한다. 테넌트 형제들, 휫필드, 로우랜드, 그리고 블레이어의 부흥메시지를 듣기 위하여 큰 군중은 몰려들었다. 예를 들어, 벤 프랭클린(Ben Franklin)은 그의 펜실베이니아 신문(Pennsylvania Gazette)에서 사회에 미친 부흥의 몇 가지 효과에 대해서 다음과 같이 보고하였다.

여기 [필라델피아]에서 종교 국면의 변화는 매우 놀랍다. 종교는 대부분의 대화 주제가 되었다. 한가로운 노래나 민요 대신 사람들은 어디에서나 시편, 찬송가, 그리고 영적인 노래로 그들을 위로하고 있다.

프랭클린(Franklin)은 그의 자서전에서 최근의 휫필드의 집회 때문에 필라델피아의 영적인 기후 변화로 자신이 얼마나 놀랐는지 기술하였다.

휫필드의 설교에 참여한 모든 종파와 교단의 회중은 거대하였다. 참석자들의 삶의 방식에서 변화가 일어나는 것을 바라보는 것은 놀라운 일이었다. 종교에 관하여 생각 자체가 없거나 무관심한 상태에서 마치 모든 세계가 경건하게 성장하는 것처럼 보였으며, 그 결과 모든 거리에서 다양한 가족들이 시편을 노래하는 것을 듣지 않고는 밤에 도시를 행보할 수가 없었다. 내가 계산하기로는 3만 명 이상의 사람들이 그의 설교를 들었다. 나는 신문기사에 휫필드가 2만 5천 명의 사람들에게 설교하였다고 조정하였다.

우뢰의 아들

19세기 한 역사가는 주목하기를 대각성운동 기간에 미국에서 길버트 테넌트의 인지도는 휫필드 다음으로 버금가는 자였다고 한다. 기독교 역사(Christian History) 신문 출판자이며 뉴잉글랜드의 목사인 토마스 프린스(Thomas Prince, 1687-1758)는 길버트에 관하여 읽을 만한 가치가 있는 긴 프로필을 기록하였다.

그는(길버트) 호감을 주는 동작으로 그의 청중의 눈을 끌 수 있는 매력도, 메시지의 전달로 그들의 귀를 끌 수 있는 것도, 또한 언어적인 것으로 그들의 기호를 만족시킬만한 호감을 소유하지 않은 것으로 보인다. 하지만 그들의 마음과 양심을 직접 겨냥하여 파멸을 초래하는 망상을 열며, 종교 안에서 그들의 수업이 많고 비밀스럽고 위선적인 변화를 보여주어 능력이 없고 경건의 모양만 있어 그들 자신을 편안하게 하였던 모든 속임의 은신처에서 그들을 벗어나게 하였다.

이전에 자신들 자부심 안에서 향유하던 많은 자들이 이제는 그들이 커다란 고통 가운데서 자신들을 속이던 위선자였음을 발견하였다. 비록 이러한 발견이 어느 정도 처음의 분노 가운데 이루어지지만 나와 다른 사람에게 죄를 고백함에 따라 여전히 이러한 발견의 과정 안에서 많은 이들이 복종하게 된다. 그리고 하나님의 능력이 그들을 깨뜨리고 겸손하게 만들며 그 결과 그들은 더욱더 완전한 발견을 원하였다. 그들은 하나님의 소리를 듣게 되고 비밀의 왜곡과 그들의 마음의 허상이 더욱더 발견되어졌다. 설교를 더욱더 갈망할수록 그들의 갈망하는 마음에 더욱더 받아들여지게 되었다.

프린스(Prince)는 그의 초점을 길버트의 목회 스타일로 전환하였다.

테넌트의 설교에 관하여: 설교는 종종 혹독하며 철저하였다. 때론 영감된 계시에 의해서 유독 혹독하기도 하였으며 하나님의 놀라운 거룩함, 정의, 율법, 임박함, 진리, 능력, 그리고 위엄을 나타내었다. 반역에 대한 하나님의 분노, 완고함, 불신, 그리고 그리스도를 모르는 죄인들; 지옥에 죽을 존재로 매순간마다 처해있는 끔찍한 위험과 영원히 저주받은 존재; 고통의 장소의 놀랄만한 괴로움으로.

테넌트의 철저한 목회로 도시의 수백 명의 사람들에게 그러한 것이 확신으로 이루어졌다. 그리고 내가 발견한 그들의 담화에 의하면 그의 사역의 날카로운 본질(searching nature)처럼 그렇게 심한 경외(두려움)는 아니었지만 그것이 그들의 확신의 가장 주요한 수단이었다.

일부는 길버트 목회의 "날카로운 본질(searching nature)"의 유익에 대해서 질문을 제기할 것이지만, 매튜 헨리(Matthew Henry)가 표현하고 있듯이 "죄인들은 개혁자들의 가장 친한 친구인 양심을 소유하고 있다." 한 보스턴 목회자는 길버트와 휫필드가 뉴잉글랜드(New England)를 세 달 전에 일찍 순회한 이후로 600여 명이 깊은 영적인 확신 아래 있었기에 그에게 도움을 구하러 왔었다고 보고하였다. 다른 목회자도 그와 같은 경우처럼 천 명이 넘는 사람들이 찾아왔었다고 보고하였다.

한 경우는, 예일 대학에서 길버트의 설교는 후에 미국 인디안 선교사역으로 유명해진 데이비드 브레인너드(David Brainerd) 학생에게 큰 영향을 미쳤다. 더욱이 (조나단 에드워드에 의해서 편집된) 브레인너드의 유명한 일기는 선교현장에 참여하기 위한 많은 자들에게 계속적으로 영감을 주고 있다.

그들의 열매로

횟필드의 설교를 들은 수천 명의 사람과 로그 대학의 학생들은 이전에 들어보지 못한 성령의 영감으로 전달된 메시지임을 알았다. 수많은 무리의 회심을 경험한 공동체 안에서 마음속에 회심하지 않은 사람을 찾아보기는 드물었다. 대각성운동, 로그 대학의 부흥운동가들, 그리고 다른 사람들을 통하여 하나님이 행하신 것은 미국의 방향을 더욱더 낫게 변화시킨 것이었다. 만약에 이러한 부흥운동가들이 다음의 변화를 가져오지 않았다면 어떻게 달라진 미국을 상상할 수 있겠는가.

- 부흥운동은 영국 국교회가 과도하게 소유한 식민지를 자유롭게 하였으며 그 결과 피할 수 없는 정치적 분열을 만들었다.
- 미국 독립전쟁의 심판을 위하여 부흥운동은 식민지 이주자들을 준비시켰다.
- 부흥운동은 인디언을 위한 선교사역을 크게 증대시켰다.
- 부흥운동은 프린스튼(Princeton), 펜실베이니아(Pennsylvania), 러쳐스(Rutgers), 브라운(Brown), 그리고 다트마우스(Dartmo-

uth)와 같은 단과대학/종합대학교의 설립을 통하여 미국이 낳은 교육을 증진시켰다.
- 부흥운동은 종교적 자유와 관용을 증대시켜 교단, 공동체, 그리고 계급 간의 장벽을 해소하는데 기여했다.
- 부흥운동은 인간의 가치를 높였으며 미국 민주-공화국 정부형태의 창설을 위한 문을 열었다.
- 부흥운동은 반-노예제도의 감성을 식민지 이주민들 사이에 확산시켰다.

그러나 이 모든 변화보다도 더욱 중요한 것은 수백 명의 사람들이 하나님의 인도하심과 부흥운동가들의 노력으로 그리스도의 새로운 거듭남을 경험하였다는 것이다.

회심하지 않은 목회사역?

하지만 모든 자들이 윌리엄의 학생들을 기뻐하는 것은 아니었다. 길버트 테넌트가 그의 논쟁을 일으킬만한 설교, "회심하지 않은 목회의 위험"을 선포할 때인 1740년 3월에 전환점이 이루어졌다. 구약의 선지자처럼 담대하게 길버트는 회심하지 않은 목회가 그리스도 사역에 역효과를 초래하여 교회에 생명을 가져오는 대신 교회의 그 생명을 잃게 하는 것으로 선언하였다.

그들[회심하지 않은 목회자들]이 자신을 등한시여기는 동안 다른 사람의 구원에 대해서 정직하게 관심을 가질 것을 가정하는 것이 합당한가? 우리 주님은 자기 자신이 거듭남에 대해서 이방인이면서도 다른 사람을 지도하는 위치를 차지하고 있는 니고데모를 꾸짖으셨다(요 3:3).

이러한 어리석은 건축자가(builder) 일을 행하지만 그들의 나약하며 이기적이고 비겁한 대화는 인간의 육욕적인 보장만을 강화시킨다. 그들은 잠자고 있는 영혼에 경외/두려움(terrors)의 못을 찌를 수 있는 용기나 정직함이 부재한다.

매우 위험한 길에서 장님을 안내자로 세우는 것이 합당한가? 죽은 자가 다른 사람에게 생명을 가져다주는 것이 적합한가? 미친 자가 귀신들을 축사하는 것이 적합한가? 하나님의 적(enemy)인 반역자들이 평화의 사자로 보내어져서 반역자들을 하나님과 우정의 관계로 가져올 수 있는가? 어둠과 죄악의 무거운 쇠사슬에 묶인 포로가 다른 사람들을 자유로이 풀어줄 수 있는 적합한 자인가?

평생의 삶 동안 바다를 경험하지 못한 무지한 촌놈이 바다의 암초나 모래톱(sand-banks)에 의해서 토기들이 깨지지 않도록 보호하는 항해자로 적합한가? 회심하지 않은 목회자는 자신이 수영을 배우기 전에 다른 사람에게 수영을 가르치는 사람과 같지 않은가? 그래서 바보처럼 현장에서 익사하는 것이 아닌가?

최고의 증오심으로 바리새인-교사들은 사람들의 영혼에 임한 하나님의 영의 그 사역을 반대할 것이며 그것을 비방하기 위해서 일할 것이며, 더불어 그렇게 바리새인들은 우리의 구세주를 다루었다.

그리스도인들을 위하여 회심하지 않은 이 목회 위기에 대한 가장 실제적인 해결책은 길버트가 주장하듯이 로그 대학의 모델을 심는 것이었다. 선지자 학교를 세움으로 그곳에서 그들의 소명을 위하여 효과적으로 온전케 세울 수는 것이 진흙탕과 같은 어려움에서 그리스도의 무기력해진 몸을 구해내는 가장 실제적인 방안이었다. 길버트는 계속하여 다음과 같이 주장하였다.

교회를 충성된 목회로 채우는 가장 바람직한 방법은 일련의 현재의 상황 속에서 공립 학원들이 부패하고 악용되었기에, 사립학교들이나 배움의 신학교들을 격려하는 것이며, 이러한 학교들은 숙련되고 경험이 풍부한 그리스도인들의 보호 아래 있다. 그곳에는 엄격한 시험을 거쳐 합리적인 긍휼함(a reasonable charity)의 판단 아래 명백한 경험적인 종교를 소유한 자만이 입학되어야 한다.
선한 천부적인 재능과 동기에서 기인한 목회 사역을 향해 위대한 갈망을 소유한 경건하며 경험적인 젊은이들은 나라의 변화를 추구하여 이 땅에서 흥망성쇠를 발견하고 공립학교들이 존재하지 않는 특별한 선지자들의 사립학교에 이르렀다.
나의 의견에는 이러한 방법은 주목할 만한 목적이 있었다. 이 방법은 하나님 나라의 도래를 위하여 교회를 세우는 것이었다. 교회는 그들의 재능에 따라 준비되어야 하며 각 시대마다 아무것도 소유하고 있지 않은 가난한 젊은이들의 재정적 도움을 위하여 귀한 것을 주어야 한다. 오! 당신 안에 하나님의 사랑이 있다면 그러한 숭고하고 필요한 사역을 증진시키기 위해서 당신을 통해 중요한 무엇인가를 하게 할 것이다.

길버트는 교회의 사망선고와 함께 교회를 정기적으로 다니는 자들 또한 공범자로 기소하였는데, 그 이유는 그들이 "우리의 귀에 경외함과 건전한 심판을 울리지" 않는 목회자들을 묵인하고 때론 그런 목회자들을 선호하였기 때문이었다. 길버트의 마음에 사도 바울의 묘비에 적힌 말이 다가왔음에 의심할 여지가 없었다.

> 때가 이르리니 사람이 바른 교훈을 받지 아니하며 귀가 가려워서 자기의 사욕을 좇을 스승을 많이 두고(딤후 4:3)

국교주의 공격

길버트는 수세기 동안 젖어온 종교적 국교주의 즉, 사람들은 다른 교회들을 자유롭게 방문해서는 안 되고 목회자들은 다른 목회자의 영역을 "침입해서는" 안 된다고 믿고 있는 것에 그는 공격을 가하였다.

만약 하나님의 백성들이 하나님의 모든 사역자들로서 은사에 대한 특권을 가지고 있다면, 바라건대 왜 그들이 가지고 있는 기회에 은사들을 사용하지 않는가? 그리고 왜 그들이 크게 얻을 수 있는 기쁨으로 인하여 평상시보다 수 마일(a few mile)을 더 가야 한다면 누가 잘못인가? 이제 우리 주님이 그의 백성들에게 바울이나 아볼로나 게바나 다 그들의 것이라고(고전 3:22) 말씀하신다.

게다가, 국교주의는 기독교 자유에 대한 비성경적인 침해행위이다(고전 3:22). 만약 우리 자신이 아닌 다른 목회자의 설교를 들음으로 더욱더 나은 들음의 큰 목적을 이룬다면 왜 우리가 영원히 혹은 일반적으로 교구 목회자로부터 들어야 하는 결정적인 필요 아래 있어야 하는지 나는 바라보지 못한다. 이제 들음의 목적이 무엇이며 무엇이 되어야 하는 것은 은혜를 얻기 위함이고 은혜 안에서 성장하는 것이 아닌가(롬 10:14)?

믿음은 들음에서 난다(롬 10장). 그러나 사도 바울은 "당신의 교구 목회자"라는 것을 첨부하지 않았다. 우리의 지역에서 선포되어진 같은 말씀이 아닌가? 그리고 그들의 교구 지역의 일반적인 범위 안에서 오직 갇혀 있는 자들에게 축복의 약속 말씀을 선포함에 어떤 제한이 있는가?

나는 그들의 교구 범위를 넘어 말씀을 들음으로 그들의 영혼을 선하게 구원받은 자들을 알고 있다. 그리고 그것을 지키기 위해 이것이 나를 정직하게 만든다. 이제 만약 위에서 언급한 이 사건에 있어 경건한 자의 목회를 취소하는 것이 합법적이라면 육의 사람(a natural man)의 목회는 더욱더 어떤가?

길버트는 여기서 예수 그리스도의 교회를 구성 — 수세기동안 신학자들이 씨름하여 왔던 질문 — 하고 있는 것에 대한 그의 청중의 이해를 높이고자 노력하고 있었다. 부흥운동가들(특별히 휫필드)은 그리스도의 교회는 가시적인 교회의 한 지류(arm)에 의해서만 온전히 대표되어서는 안 되는 것을 알고 있었다. 교회는 어느 한 회중, 교파, 그리고 운동을 초월한다.

바로 이것이 로그 대학 사람들이 왜 그들의 교회영역 외부에 있는 사역자들과 동역하며 사귐이 있던 이유였다. 사람들의 종교적 선호가 복음의 본질을 경시하거나 반박하지 않는 동안, 그들은 사람들의 비-본질적인 종교적 성향에 대해서 관용하는 것으로 생각하였다(복음의 본질은 그리스도의 완전한 신성과 인성; 성경의 신적 권위; 죄에서 자유로운 삶). 이러한 그리스도 교회의 초교파적인 관점을 소유하고 유지하는 일은 가르침을 받을 만한 마음 — 우리의 교회영역 밖의 타 그리스도인들로부터 배우고자 하는 자진하는 마음을 요구한다.

부흥운동가들은 복음의 본질과 타협함이 없이 초교파적인 성령을 유지하려고 하였기 때문에, 하나님은 그들을 사용하셔서 식민지 미국에서 부흥운동의 떨어진 가닥들을 하나로 연결하였다(기독교의 비본질적인 것을 다루는 부분에 있어서 계몽적인 연구는 로마서 14장에 양심의 자유에 관한 사도 바울의 주해를 읽어라).

질서와 분리

그의 메시지, "회심하지 않은 목회"가 암시하고 있는 적대감을 회피하기 위해, 길버트는 그의 청중들에게 "참된 종교"가 발전하는 곳에 "반대와 분열"을 항상 기대할 것을 권고하였다.

기도하라, 다툼과 분열의 이유인 모든 의무를 우리는 그만 두어야 하는가? 그런 후에 우리는 능력의 종교를 함께 그만 종식해야 하며 그 이유는 "그리스도 안에서 경건하게 살려고 하는 자가 박해의 고난을 받아야 하기 때문이다." 그리고 특별히 우리는 충성스러운 설교를 주의 깊게 피해야 하는 이유는 소동과 분열의 원인이 되지 말아야 하기 때문이며 특별히 신적인 능력이 수반될 때가 더욱 그렇다(살전 1:5-6). "우리의 복음은 단지 말씀으로만 당신에게 주어진 것이 아니라 능력에서도 주어진 것이며" 그들이 "말씀을 큰 감동으로 받을 때" 증가되었다.

복음의 능력은 이러한 분열의 적합한 원인이 아니었으며 단지 순수한 사건 그 자체이다. 그렇다, 타당하고 이기적인 정욕들이 이러한 분열의 가장 적합한 원인이다. 그리고 바로 그 세상적인 사람들이 앞에서 언급된 분열의 적합한 원인이며 요셉에게 행한 보디발의 아내처럼 하나님의 종을 다루는 일에 익숙하다. 그들은 자신의 사악함의 모든 비난을 탓으로 돌렸으며 큰 목소리를 내었다!

길버트의 보디발의 아내에 관한 비유는 종교적 국교주의를 행하고 있는 자들을 정확하게 묘사하는 것이었다 — 그들은 주 앞에서 자신들을 성찰하기보다는 타인을 너무나 쉽게 비난하였다. 종교적 국교주의는 십자가의 큰 대적인 교만과 공포 안에 근거하고 있다.

국교주의는 하나님이 하나님 자신을 위해서 청지기의 사명을 감당하도록 우리에게 주신 것에 대한 소유권을 지나치게 취하려고 할 때 시작된다. 이것이 우리가 생각해야 하는 것 그 이상으로 생각하는 교만이다(롬 12:3). 누군가가 지역적인 성향을 소유하고 있다면(그들이 성직자든 평신도든) 그들은 자신들의 통제권을 향한 위협으로 그들의 소망과 함께 혼란을 야기하는 무엇인가를 바라본다 — 그것이 두려움을 느끼는 삶의 자리를 제공한다.

국교주의 혹은 통제권과 투쟁하는 우리의 일부 사람들을 위해 솔로몬은 묵상할만한 가치가 있는 깨달음의 잠언을 던져준다. "소가 없으면 구유는 깨끗하려니와 소의 힘으로 얻는 것이 많으니라"(잠 14:4). 우리는 모두 깨끗하고 질서정연한 가정의 삶, 직장의 삶, 혹은 교회의 모임의 형태로 나타나는 잠언에 있는 "깨끗한 구유"를 선호한다. 하지만 우리의 궁극적인 목적은 "깨끗한 구유"를 소유하는 것인가? 아니면 구유가 만들어진 목적으로 "소"를 소유하는 것인가?

만약 주님이 우리를 부르셔서 일하게 하신다면 그 일이 우리의 현재의 생활양식을 "혼란스럽게" 망치시겠는가? 분명히 그들의 고령의 나이에 테넌트 가족은 농장에서 로그 대학을 세우는 어려움과 훈련에 있는 사역자들을 위해 청소하고 정기적으로 식사를 제공하는 어려움을 경험하는 것을 선호하지는 않았을 것이다. 하지만 우리는 하나님이 우리를 향하여 준비하신 "소(ox)"의 난잡함과 소의 강함을 위해 우리가 다룰 수 있는 "구유를 깨끗하게 하는 일"에 얼마나 기꺼이 희생하고 있는가?

슬프게도 하나님이 또 다른 대각성운동을 일으켜 주시기를 원하는 우리 중 많은 이들은 그 운동에 대한 유익을 원하지, 부흥운동에 전형적으로 함께 수반되는 "혼란스러운 구유"를 기꺼이 견뎌내지 않는다. 알곡과 가라지의 비유에서, 예수는 알곡을 위해서 완전히 성장할 때까지 알곡과 가라지가 함께 성장하도록 하시며 그 후에 예수로 하여금 분리하게 하신다(마 13:24-30; 36-43). 우리는 우리의 "가라지가 없는" 대지를 만드는 일과 우리의 "구유들"을 깨끗하게 하는 일에 초점을 맞추는 대신에 주님이 추구하시는 것을 찾아보자.

1. 망하게 행동하지 않도록 지나치게 열심이며 잘못 지도된 그의 동료를 훈계하는 가말리엘(Gamaliel)의 인내(행 5:34-41).
2 우리가 악한 것으로부터 좋은 것을 취하고 모든 것을 분별하라고 훈계하는 바울의 인내(살전 5:19-21).

로그 대학들 지원하기

슬프게도 그리스도 교회 안에 영적인 죽음과 영적인 잘못을 향한 길버트의 선동적인 발언은 학교를 설립하는 일과 학교를 온전케 하기 위해 지원하는 일에 대한 그의 간청을 제압해 버렸다. 하지만 노팅햄 교회(the Nottingham Church, 그곳에서 길버트가 "회심하지 않은 목회" 메시지를 설교하였다)와 같은 몇몇 교회들은 감히 길버트의 도전을 취하였다. 로그 대학의 졸업생 사무엘 핀리(Samuel Finley)는 4년 후에 노팅햄 교회의 목사직을 수락하고(1744년) 노팅햄 아카데미(the Nottingham Academy)를 세웠으며 그것은 현재까지 여전히 운영되고 있다. 사실, 그곳에서 핀리의 감독아래 있던 몇몇 지도자적인 미국인들은 위대한 성과를 이루며 나아갔다.

- 두 명이 독립선언서에 서명하였다(리처드 스탁톤[Richard Stockton]과 핀리의 조카, 벤저민 러시[Benjamin Rush]);
- 두 명이 주지사가 되었다;
- 딕킨슨 대학(Dickinson College)을 설립한 러시(Rush)를 포함한 9명이 대학의 설립자가 되었다;
- 한 명이 미국의 첫 우체국장이 되었다;
- 3명이 미국 독립군의 의무관이 되었다.
- 9명이 의사가 되었다;
- 그리고 16명이 목사가 되었다.

더욱이, 핀리의 학생 중 존 모르간(John Morgan)과 윌리엄 쉽펜

(William Shippen)은 펜실베이니아 의과대학을 공동으로 세웠으며, 미국에서 처음으로 의과대학 졸업장을 핀리의 다른 학생, 존 아처(John Archer)와 제임스 틸톤(James Tilton)에게 수여하였다. 다시 로그 대학의 졸업생 존 레드만(John Redman)의 경우처럼, 우리는 윌리엄 테넌트와 미국의 내과병원 창립 사이의 또 다른 연계성을 바라본다.

뉴브룬즈윅 총회는 "도움이 필요"한 "네샤미니에 있는 학생들"을 지원함으로 더욱더 많은 로그 대학(log colleges)들을 윌리엄 테넌트가 세운 최초의 대학을 언급할 때 대문자 Log를 사용하여 로그 대학(Log College)이라 명하고, 테넌트가 품고 있던 신념과 비전을 기초로 하여 다른 지역에 통나무(log)로 세워진 학교를 소문자 log를 사용하여 로그 대학(log college)으로 언급한다(역자 주). 향한 길버트의 요청에 유의하였다. 심지어 휫필드도 "작은 소녀의 보리떡과 물고기로 주께서 행하신 것처럼 대학을 부흥케 하실 것"을 신뢰함으로 "본 [로그 대학] 신학교의 지원을 위하여" 기부하였다. 마찬가지로, 로그 대학의 졸업생 찰스 맥나이트(Charles McKnight)와 윌리엄 테넌트(William Tennent Jr.)도 뉴저지의 로우어 프리홀드(Lower Freehold)에 학교를 세웠다. 길버트의 설교 후 수개월이 지나고 로그 대학의 졸업생 사무엘 블레이어(Samuel Blair)가 목회하던 뉴런던데리(the New Londonderry, Fags Manor) 교회는 길버트의 비전을 품고 학교를 세웠으며, "네샤미니에서 테넌트의 돌봄과 가르침을 받는 여러 명의 전도유망한 젊은이를" 재정적으로 지원하였다.

이러한 식민지 시대의 비전 소유자들과 같이, 우리도 주께서 우리에게 현재 그의 백성들을 세우기 위해 재정적으로 공급을 할 수 있도록 기회를 허락해 달라고 기도해야 한다. 다윗 왕이 미래의 주의 성전 건축을 위해서 자신의 보물을 헌정한 것과 같이(그가 살아생전에 바라보지 못하였다, 대상 29:2), 주께서 "모든 착한 일을 넘치도록" 우리에게 허락해 달라고 기도해야 한다(고후 9:8).

부정적인 반향

더욱더 많은 로드 대학들(log colleges)을 세우고자 하는 길버트의 생각에 모두가 다 지원하는 것은 아니었다. 예를 들어, 미국의 독립선언서의 첫 서명자의 할아버지 존 핸칵(John Hancock)은 길버트를 대항하여 두개의 팜플릿 「비적임 목회의 위험」(The Danger of an Unqualified Ministry)과 「테넌트를 향한 조사자 혹은 길버트」(The Examiner or Gilbert Tennent Against Tennent)를 유포하였다. 후자에서 핸칵은 "종교와 배움이 더 이상 제공되지 않는 우리의 국립 학교들의 황폐함 위에 세워진" 로그 대학들(log colleges)을 번영하게 하기 위한 길버트의 제안이 어떻게 "일반적인 생각"인지 역설하였다. 핸칵은 더 나아가 더 많은 로그 대학들(log colleges)을 제안하는 길버트의 동기가 "그의 아버지의 통나무-집(log-house)"을 합법화하는 방법이라고 비난하였다.

길버트는 「조사된 조사자 혹은 조화로운 길버트 테넌트」(The Examiner Examined, or Gilbert Tennent Harmonious)라 불리는 팜플릿으로 핸칵을 신랄하게 반격하였다.

만약 [로그 대학들(log colleges)을 번영하게 하고자 하는] 제안이 [네샤미니] 통나무-집에서 선호되는 면이 있다면 어디에 피해가 있는가? 돌이나 벽돌로 지은 학교와 같이 통나무-집에서는 사람들이 배우면 안 되는가? 그 동안에 모든 눈들은 그 제안이 경건과 배움이 더욱더 존중되는 또 하나의 학교 그 이상이 아님을 보았을 것이다.

길버트는 더욱더 주장하였다.

국립학교들의 황폐함 위에 통나무집을 세운다는 풍자는 기분을 나쁘게 만드는 것이었으며 근거가 없는 것이다. 본 사립학교와 다른 공립학원 사이의 차이는 너무나 커서 서로 방해할 어떤 위험도 없다.

만약에 학교들이 같은 지역 내에 있다면 더 많은 학교를 세우면 안 되는가? 시장경쟁이 이루어지는 곳에 좋은 품질이 생긴다고 역사는 우리에게 가르치고 있지 않은가? 길버트를 향한 핸칵의 공격은 이성에 의한 것이 아닌 국교주의에 의한 것으로 보였다.

1741년 6월 1일에 "구파(Old Side)"라 불리는 총회의 교리문서주의

자들과 부흥을 지원하는 "신파(the New Side)"의 갈등이 붕괴되었다 (구파는 필라델피아의 구 총회[the old synod]의 편에 서 있는 자들을 일컫는 말이며, 신파는 길버트의 뉴브룬즈윅 총회와 나중에 결성되어 더욱더 부흥운동에 우호적인 뉴욕의 신 총회[the new synod of New York] 편에 서 있는 자들을 일컫는 말이다). 비록 길버트의 신파 장로회가 "총회가 제정한 어느 법령이나 법규에 관련하여 [총회에 있는] 형제들과 다를지라도", 신파에 속한 사람들은 총회로부터 여전히 "비분리를 계획"하였다. 하지만 교리문서주의자들은 부흥운동가들을 더 이상 참지 못하고 신파에 속한 자들이 혼란스러우며 분파적이라고 주장하였다. 따라서 교리문서주의자들은 "본 총회에 회원으로 참석"하는 부흥운동을 하는 동료들을 상대로 법적인 항의를 총회에 제출하였다.

역으로, 부흥운동가들도 교리문서주의자들을 질색하였다. 교리문서주의자들의 ㅇ 의제기를 항의하는 것이 실패로 끝난 후에 테넌트 그룹은 총회로부터 철회해야만 하는 것을 느꼈다. 슬프게도 구파와 신파의 세력다툼 불화는 17년이나 해결되지 않은 채 남아있었다. 로그 대학의 사람들은 이제 총회가 없는 장로회였다.

다음 4년의 허가 지난 후에, 뉴브룬즈윅 총회는 다른 부흥운동에 우호적인 총회들과 협력하여 일하였으며, 결국 새로운 총회(뉴욕 총회, the Synod of New York)를 연합하였다. 얼마 지나지 않아서 로그 대학 졸업생들은 또한 뉴저지의 펜실베이니아 경계를 가로질러 그들의 스승이 심은 진보된 계획(advanced version)을 바라보는 만족을 누렸다(다음 장에서 논할 것이다). 하지만 슬프게도, 그들의 스승 윌리엄 테넌트는 그 기쁨을 결코 나누지 못하였다.

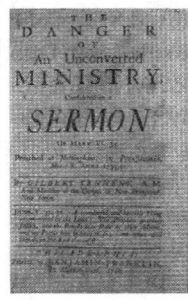

사진 3 벤저민 프랭클린에 의해서 인쇄된 길버트 테넌트의 논쟁의 팜플릿, "회심하지 않은 목회의 위험"
이 팜플릿이 미국 장로교단을 나누는 데 기여하였다.

제 10 장
파수꾼의 교체
Changing of the Guard

비록 우리의 위대한 목적이 복음의 사역자를 교육하기 위해서
신학교를 세우는 것일지라도 우리는 여전히 이 교육이
다른 전문 직업에서도 유용하게 사용되기를 소망한다
— 교회와 국가를 빛나게 하는 사람.

- 아론 벌(Aaron Burr, Sr. 1716-1757), 프린스톤 대학교 공동창설자

인생의 황혼이 가까이 옴을 느낄 때, 윌리엄은 그의 유서의 초안을 쓰기 시작하였다.

1746년 2월 16일, 나, 윌리엄 테넌트는 펜실베이니아 주(Province of Pennsylvania), 벅스 군(Bucks county), 워미니스터 타운쉽(the Township of Warminister)에서 복음의 사역자로 육체의 연약한 존재이지만 감사하게도 건강한 마음과 영혼을 소유하고 있다. 따라서 나의 육체의 죽음을 상기하여 모든 인생이 한 번 죽기로 정해진 것을

알기에 나의 마지막 유언과 증언을 준비하고 제정한다.

　마지막 3년 동안 고령의 윌리엄은 그의 집을 정리정돈 하였다. "목회사역을 사임해야 할 고령의 나이로 인한 그의 역부족"으로 인하여 윌리엄은 1742년 5월 29일에 네샤미니의 목회사역에서 은퇴하였다. 윌리엄은 뉴브룬즈윅 총회가 네샤미니 교회를 위하여 그가 이제껏 이루어놓은 터전을 헤치는 자가 아닌 세울 수 있는 사역자를 보내줄 것을 소망하였다. 다행히도, 총회는 그의 전 학생, 윌리엄 로빈슨(William Robinson)과 지역교회의 신파에 속한 리처드 트리트(Richard Treat)를 선택하여 가능한 시간마다 빈 자리를 채우도록 하였다. 무엇보다도 윌리엄은 하나님이 "나의 의탁할 것을 그 날까지 저가 능히 지키실 줄을" 신뢰해야만 했다(딤후 1:12).

한 알의 밀알이 썩지 아니하면

　19개월 후에(1743년 12월), 윌리엄은 네샤미니 사역의 통제권이(reins) 그의 전 학생 찰스 비티(Charles Beatty)에게로 넘어가는 것을 보았다. 비티(Beatty)의 안수식을 많은 회중이 목격하면서 윌리엄의 아들, 길버트는 "목양하기 위한 필수자질: 그리스도를 사랑하라" 제목의 합당한 메시지를 전하였다.

　비티의 안수식이 있기 수개월 전에, 네샤미니 회중 가운데 구파와 신파의 끓어오르던 긴장은 마침내 최고점에 이르게 되었다. 구파의 교구 목회자들은 교회의 재산에 관한 합법적인 소유자가 누구인지에 대해서 신파에 속한 자들과 논쟁하였다. 프랜시스 맥헨리(Francis McHenry)는 테넌트의 전임 부목사로, 구파에 속한 사람이지만 비티는 신파와 연관되어 있었다.

비록 신파의 사람들이 대다수를 차지하였더라도 그들은 합법적인 권리에 마지못해 동의하고 원래의 자리에서 가까운 거리에 "더욱더 크고 웅장한" 건물을 지었다. 서로 경쟁적인 교회들은 이상하게도 14년이나 그곳에 존재하였다(오늘날 네샤미니 회중은 신파의 건물에 머물고 있다). 윌리엄 테넌트는 그의 교회나 교단이 재연합하는 것을 볼 수 있을 만큼 충분히 살지 못하였다.

테넌트가 은퇴한 시간부터 적어도 5명 이상의 로그 대학 학생들이 목회의 현장으로 배출되었다. 존 론(John Roan, 1742); 윌리엄의 후계자, 찰스 비티(Charles Beatty, 1745), 존 레드만(John Redman, 1742); 다니엘 로렌스(Daniel Lawrence, 1745); 그리고 존 캠프벨(John Campbell, 1746). 때가 되어, 윌리엄은 이전의 학생, 존 론(John Roan)에게 그의 대학을 운영하도록 허락하였다. 은퇴한 후 4개월이 되던 때에, 윌리엄은 그의 농장, 주택, 그리고 로그 대학을 매매하기 위해 내놓았다. 하지만 알려지지 않은 여러 가지 이유로 인하여 그의 부동산은 그의 죽음 전까지 매각되지 않았다.

1746년 5월 6일, 윌리엄 테넌트는 73세의 고령으로 영원한 세계에 들어갔다. 그의 육체는 네샤미니의 공동묘지에 안장되었으며 다음의 비문으로 쓰인 묘비는 그의 무덤 위에 놓여졌다.

여기에 윌리엄 테넌트 목사의 육체가 안장되다.
73세의 나이로 1746년 5월 6일 이 세상의 삶을 떠나다.
"재는 재로, 흙은 흙으로"
하지만 그의 삶의 기억과 그의 가르침의 영감은
시간이 다하는 날까지 영원히 남을 것이다.
로그 대학의 창설자,
1724년 네샤미니 교회의 설립자,
1727-28년 제일교회가 세워졌다.

수년이 지난 후에 웅장한 기념비가 그에게 걸맞은 비문으로 그의 묘지에 안장되었다.

윌리엄 테넌트를 기억하여.
네샤미니 교회의 목사 1726-1742
딥 런(Deep Run) 교회의 목사 1726-1738
1746년 5월 6일 73세로 사망
로그 대학의 창설자
Struix Melius Quam Scivet★
★"그가 알고 있던 것보다 더욱 잘 지었다"

초기의 한 전기 작가는 테넌트에 대해서 다음과 같이 기록하였다.

어떤 사람들은 자신의 개인적인 일에 의해서보다 그들이 가르친 자들에 의해서 더욱더 많은 것을 성취한다. 그들[로그 대학]은, 우리가 믿을만한 증거가 있는데, 성령의 가르침을 소유하고 있으며 다른 사람들이 즐겼던 유익도 없이 그들은 "타오르며 빛나는 빛"이 되었다.

윌리엄의 죽음 후에 캐서린 테넌트는 농장과 집을 매각하고 그녀의 아들 길버트와 살기 위해서 필라델피아로 이주하였다. 그곳에서 그녀는 그녀의 사랑하는 윌리엄의 죽음을 기념하는 7주년 그 다음 날인 1753년 5월 7일에 죽기까지 그곳에서 살았다.

윌리엄의 로그 대학은 어떻게 되었는가? 테넌트 농장의 새로운 주인들은 그들의 소유에 대한 중요성을 알지 못하는 자들이었다. 윌리엄의 아들 찰스에 의하면 소유자들은 통나무로 지은 부흥의 학교를 돼지우리로 개조하였다. 이것은 마치 귀한 진주와 같은 사역의 훈련장을 비유적으로 돼지 앞에 던지는 것이 아닌가! 오늘날 자녀를 위한 그리스도의 집(Christ's Home for Children)이라 불리는 큰 사역의 기관이 로그 대학의 부동산을 소유하고 있다. 로그 대학에 관하여 유일하게 남은 것은 윌리엄의 자손 중 한 명이 프린스톤 신학대학원(Princeton Theological Seminary)에 기증한 나무 조각이며 로그 대학의 통나무 일부로 초기 19세기 지팡이가 만들어졌다.

왜 윌리엄의 아들 중에서, 학생 중에서, 혹은 네샤미니 교회의 회중의 한 명이 로그 대학을 계속적으로 운영하지 않았는가? 왜 하나님은 그 학교 창설자의 죽음과 같이 학교가 폐교하도록 놓아두었는가? 이 미스터리에 대한 유일한 실마리는 예수 그리스도의 말씀 안에서 발견된다. "내가 진실로 진실로 너희에게 이르노니 한 알의 밀이 땅에 떨어져 죽지 아니하면 한 알 그대로 있고 죽으면 많은 열매를 맺느니라"(요 12:24). 아브라함이 그의 아들 이삭을 그리고 하나님은 그의 아들 예수를 번제로 바친 것처럼, 하나님은 종종 그의 목적들이 죽음을 경험하도록 하여 그분 자신이 위대한 생명과 능력으로 그들을 일으킬 수 있도록 하신 것이다.

로그 대학이 윌리엄의 죽음 때문에 대학의 문을 영원히 닫을 때에 그 유산은 1년후 델라웨어 강(the Delaware River) 건너편에서 다시 부활할 때까지 잠시 죽음을 경험하였다. 윌리엄의 마지막 해 동안, 뉴저지 식민지에서는 부흥운동과 연관된 고등교육의 학교를 위한 윌리엄의 비전이 영원하도록 계획들이 준비되었다. 사실, 이 새 학교의 법인 인장에 새겨진 것은 열린 성경의 이미지와 그 위에 새겨진 라틴어의 모토(motto)였다. "Vitam Mortuis Reddo"("나는 죽은 자에게 생기를 회복한다"). 그렇다. 테넌트의 "선지자 학교"는 죽은 채로 남아 있지 않았다. 대신, 학교는 부활하였고 커다란 열매를 맺었다.

파수꾼 교제

로그 대학의 진보된 계획의 기원 배경은 구파와 신파의 갈등이 고조된 기간이었다. 조나단 딕킨슨(Jonathan Dickinson)과 아론 벌(Aaron Burr, Sr.)과 같은 신앙부흥운동에 우호적인 사역자들은 테넌트가 수년 전에 시작했던 것과 같이 그리스도가 중심이 된 고등교육으로 사람을 온전케 준비하는 것이 가장 중요한 필요임을 알았다. 더욱이 하버드 대학과 예일 대학의 반-부흥운동에 대한 걱정은 커져 갔으며, 특히 나중에 선교사로 알려진 데이비드 브레인너드(David Brainerd) 학생을 향한 예일 대학의 편협한 신앙이 문제였다.

하지만 딕킨슨(Dickinson)의 동역자들도 로그 대학의 제한된 훈련에 불만족스러워했다. 이러한 비전을 품은 자들은 모든 자들이 엄격히 강단 목회에 부름을 받지 않았다는 것을 알고 있었다. 벌(Burr)이 주장하고 있듯이,

비록 우리의 위대한 목적이 복음의 사역자를 교육하기 위해서 신학교를 세우는 것일지라도 우리는 여전히 이 교육이 다른 전문 직업에서도 유용하게 사용되기를 소망한다 — 교회와 국가를 빛나게 하는 사람. 그러므로 우리는 상황이 허락하는 한 폭넓은 교육의 계획을 세워야 한다.

다른 말로 하면, 그들은 독점적으로 교회 사역만을 위하여 사람을

훈련하는 기독교 기관을 세우는 것이 아닌 과학, 정치, 교육, 그리고 법의 영역에서도 하나님이 부르셔서 일할 수 있는 자들을 교육하는 비전을 품고 있었다.

1745년 봄, 테넌트가 서거하기 바로 직전 해에 뉴욕 장로회의 주요 지도자인 딕킨슨과 벌(Burr)은 로그 대학의 진보된 계획(advanced version)을 위하여 자금을 모으기 시작하였다. 윌리엄 테넌트의 전통에 따라, 그들은 로그 대학을 뉴저지 엘리자베스(Elizabeth, New Jersey)에 위치한 딕킨슨의 자택에 설립할 것을 추구했다. 하지만 그들의 첫 주요한 장애물은 무엇이던 비-국교회적(non-Anglican)인 것에 적대자인 뉴저지의 주지사가 학교 설립허가를 위한 그들의 요청을 거부하였을 때 나타났다.

테넌트의 죽음 후 3주 후 주지사가 죽기 전까지는 어떤 소망이 없어 보였다. 시간적인 유익을 얻기 위해서 딕킨슨과 그의 동역자들은 임시 주지사에게 설립허가를 간청하였다. 다른 장애물들을 피하기 위해서 그들은 뉴저지의 설립허가의 요구를 순응하기 위하여 그들의 호소문을 문서로 작성하였고 이것이 종교적 자유를 보장하였다. 1746년 10월 로그 대학이 문을 닫은 후 단 5개월 만에 신파에 속한 자들은 그들의 학교를 여는 것에 찬성하였으며 뉴저지 대학(The College of New Jersey)으로 불렀다(150년이 지난 후에 이 대학은 프린스톤 대학교로 개명되었다).

곧 딕킨슨은 대학의 첫 이사들 가운데 로그 대학의 동문인 길버트,

윌리엄 테넌트(William Tennent, Jr.), 사무엘 블레이어, 그리고 사무엘 핀리를 소집하였다. 윌리엄 테넌트의 죽음 1주년을 맞이한 후 3주가 지난 후에 새 학교가 딕킨슨의 집에서 시작되였으며 10명의 학생이 수업을 들었고 딕킨슨이 초대 학장으로 직무대리를 하였다. 비록 새로운 대학이 주로 장로교인이었지만 대학의 창설자들은 모두를 포용할 수 있는 비전을 품고 있었으며, 그곳에서 "금주와 덕으로 행동하는 동안 모든 교파의 사람들은 대학의 명예와 특권에 자유로이 출입할 수 있어야 했다." 이사회에서 한 이사가 언급하였다.

학교의 조직에 엮어진 것은 "모든 기독교 교단에 보장된 동등한 자유와 특권"과 더불어 대각성운동의 초교파적 성령일 것이다. 이 성령을 유지함으로 교수진들은 비-장로교 부흥운동가인 프레링휴이센과 휫필드에게 명예학위를 수여하였다. 뉴저지 대학은 뉴잉글랜드 대학들 중에서 학문적 우수성과 더욱더 부흥운동가를 고무하는 성령으로 이루어진 학교가 되어가고 있었다.

많은 학교의 탄생

대각성운동의 기간 동안 세워진 유일한 대학이 뉴저지 대학만은 아니었다. 오늘날 펜실베이니아 대학교(University of Pennsylvania)로 알려진 대학은 휫필드의 지지자들이 "유용한 문학과 기독교 종교의 지식"을 가르치는 자선학교(a charity school)와 "교회 예배당"을 세울 때 시작되었다. 다음의 10년이 되던 해에, 휫필드 교회는 학교로부터 분리되었고 길버트 테넌트를 교회의 목사로 선출하였다. 벤 프랭클린(Ben Franklin)과 다른 동역자들 덕분에 학교는 쉽게 대학교로 확장되었다.

조금 지나서 다트마우스(Dartmouth), 러쳐스(Rutgers), 콜롬비아(Columbia), 그리고 브라운(Brown)과 같은 대학교들은 목회사역을 위하여 사람을 복음화시키고 훈련시키는 목적으로 신설되었다. 예를 들어, 원래 킹스 대학(King's College)으로 불린 콜롬비아 대학교(Columbia University)는 대학의 헌정에서 다음과 같이 선언하였다. "본 대학에서 목적으로 삼은 가장 중요한 일은 그리스도 안에서 하나님을 알도록 자녀들을 가르치는 것이다."

구파에 속한 자들은(the Old Sider) 어떤가? 그들 자신들만의 학교를 세웠는가? 실제적으로는 그렇지 않았다. 1744년 총회는 이미 존재하던 학교 — 뉴런던 아카데미(the New London Academy)를 간과하였는데, 그 학교는 패그스 매너(Faggs Manor)에 로그 대학의 동문 사무엘 블레이어가 세운 학교와 인접하였다. 하지만, 총회는 예일 대학의 총장에게 그들의 학교를 보증하여 줄 것을 요청하였지만 예일 대학은 도움을 거절하였으며 뉴런던 아카데미의 교장은 후에 펜실베이니아 대학의 교목을 수용하기 위해서 사임하였다. 뉴런던 아카데미의 리더십에 몇 번의 변화가 있은 후에 학교는 마침내 델라웨어 식민지로 이전하였으며 그곳에서 델라웨어 대학교(the University of Delaware)로 변모하게 되었다.

프린스톤과 연결

정확히 말하면 로그 대학은 프린스톤 대학교의 직접적인 선조(predecessor)이기보다는 선구자(precursor)였다. 딕킨슨과 그의 공동 설립자들은 모두가 하버드와 예일 대학의 졸업생으로 "맨 처음 대학의 설립과 계획을 주도"하였는데, 총회가 "학교나 배움의 신학교를 설립"하자고 제안하던 결정적인 1739년 모임으로 거슬러 올라가는 것이 타당하다. 그 답변에 있어서 총회는 총회학교를 위해서 유럽에서 모금 활동을 위해 딕킨슨과 에벤에저 펨버튼(Ebenezer Pemberton, 후에 딕킨슨과 뉴저지 대학을 공동으로 설립한 사람)을 임명하였으나 아무런 소득도 없었다.

1745년 윌리엄 테넌트가 그의 마지막 달(months)을 기다리는 동안 아론 벌(Aaron Burr)과 함께 두 사람은 그들의 뉴욕 장로회를 총회로부터 탈퇴시켜 로그 대학이 주도된 뉴욕 브룬즈윅 총회에 가입할 수 있게 길을 인도하였다. 그리고 이 시점에 그들 자신들만의 학교를 세우는 일에 대한 관심이 구체화되기 시작하였다.

딕킨슨의 대학이 1746년에 설립허가가 된 후에 로그 대학 사람들이 학교의 직위를 차지하였다. 위에서 언급한 것처럼 학교의 첫 12명의 이사들 중에서 4명이 윌리엄의 제자였다. 나중에 졸업생들, 존 블레이어(John Blair), 찰스 비티, 존 레드만이 합류하였다. 그런 후, 길버트 테넌트와 사무엘 데이비스(Samuel Davies, 블레이어가 운영한 대학의 졸업생이며 후에 뉴저지 대학의 4번째 총장)가 학교의 첫 빌딩,

나사우 홀(Nassau Hall)의 건축을 위한 자금공급자(fund-raisers)로 임명되었다. 대학을 위한 그들의 호소하는 메시지는 다음과 같다. "종교가 모든 교육의 목적이 되어야 함과 같이 … 이 재단의 중요한 전망 중에 하나는 사역의 성역을 위하여 젊은이들을 교육하는 것이며 그러한 훌륭한 직업을 이행하기 위해서 준비시키는 것이다."

화해자 길버트

길버트가 해외로 자금마련을 위해 여행하는 동안 길버트의 자극적인 설교, "회심하지 않은 목회"는(후에 벤 프랭클린이 출판하였다) 그를 괴롭히는 것으로 되돌아왔다. 일부 구파에 속한 사람들이 그의 설교를 영국에서 유포하였을 때에 길버트의 가능성이 있는 지원자들 사이에 아주 혼란을 일으켰다. 다행히도 그가 2년 전에 출판한 회유적인 설교 팜플릿 "예루살렘의 평화(the Peace of Jerusalem)"를 그들에게 배포함으로 신임을 다시 얻게 되었다.

그의 설교, "예루살렘의 평화"에서 길버트는 공적으로 구파와 신파 총회 앞에 그의 메시지, "회심하지 않은 목회"의 정죄적인 어조를 사과하였다. 더욱이 길버트는 신앙부흥운동의 열심과 교리문서주의자들의 냉담의 극단적인 것에서 균형을 이루기 위해 사랑의 필요를 강조하였다. 매튜 헨리(Matthew Henry)가 수십 년 전에 기록하였던 것처럼 길버트는 그의 교훈을 배운 것이다.

분별은 항상 우리의 열정을 지배하고 안내하여야 한다. 그래서 우리 자신에게 어울리지 않거나 혹은 타인에게 화를 미치는 어떤 것도 하지 않는다.

사실, 수년이 지난 후에 길버트는 최근 설교 팜플릿, 「규명된 종교적 열정의 특성」을 출판하였으며 길버트는 감정과 이성을 위한 적합한 자리(the proper place)를 나누었다.

빛[이성]과 열[감정]은 종교에서 분리할 수 없는 동반자이며, 감정이 없는 이성은 냉담한 형식이며, 이성이 없는 감정은 야만적인 열정이다.

예수가 말씀하였듯이, 예수 그리스도에 대한 진정한 헌신은 항상 우리의 마음과 뜻인, 감정과 이성을 포함하는 것이다(마 22:37).

우리에게 있어서, 어떻게 우리가 무엇인가 영적인 것이 극단적으로 취하여지는 것을 막을 수 있을까? 초신자들에게 있어, 우리는 때때로 우리가 극단적인 입장에서 사물을 바라보는 경향이 있음을 깨달아야 한다. 우리는 우리의 제한된 지식과 상처받은 감정으로 사람과 사건을 잘못 판단해 왔다. 성경을 연구하는 것에 더하여, 두 극단적인 사이에서 우리의 삶에 중요한 보호적인 방편은 그리스도의 겸손함과 사랑 안에서 행하는 것이다. 결론적으로 그리스도의 겸손함과 사랑을 우리의 마음속에서 자라게 할 때 그의 지혜가 반드시 임하게 될 것이다(잠 11:2; 8:1). 그런 후에 우리의 손에 3가지 덕목을 — 겸손, 사랑, 그리고 경건한 지혜 — 가지고 성서적인 범위 안에 안전하게 거할 수 있게 된다.

비록 길버트는 "종교의 최근 부흥에 관한 생각의 변화"를 가지고 있지 않더라도, 그는 두 파벌 사이에서(two parties) "차이의 문제들을 조율"하기를 원하였고 "내가 할 수 있는 가장 최선의 방법 안에서 평화와 연합을 증진하기"를 원하였다. 화해를 증진하기 위해서, 길버트는 두 총회가 공유하고 있는 공통적인 가치를 다음과 같이 나열하였다.

성서와 우리의 [웨스트민스터] 신앙고백에서 제시하고 있듯이 하나님을 향한 회심의 성격과 필요성은 성서에서 제안되었던 것과 같이 (모든 본질적인 것에 있어서) 교회 훈련 안에 있는 것이며, 그리고 우리의 [교회 의식] 요람 안에 있는 것이다.

길버트가 제한하는 두 총회 간의 유일한 차이점들은 "전적으로 상황적인 것에 기인하고 있거나 혹은 영감 받은 사도 바울의 문구와 같이 '의심하는 바의 비판' 문제였다"(롬 14:1). 말할 것도 없이, 길버트의 설교 팜플릿, "예루살렘의 평화"는 그의 가능성이 있는 대학의 후원자뿐만 아니라 구파에 속한 동료들을 충족시켰다.

윌리엄 테넌트의 학교와 프린스톤 대학의 연결점에 관한 마지막 부분으로, 1756년 휫필드는 로그 대학이 "이제 뉴저지에 세워짐으로 큰 대학으로 성장하게 되었다. 하나님의 모든 증대하심으로 대학이 증대할 것이다"라고 확증하였다. 프린스톤 대학교의 나사우 홀(Nassau Hall) 입구에는 아이비리그(Ivy League)의 근원을 테넌트의 네샤미니 학교로 거슬러 올라감을 나타내는 청동 장식판이 걸려 있다.

비록 초창기어 미숙한 뉴저지 대학이 미국 역사에 있어서 주요 인물들을 온전케 하였더라도 희생 없이 이루어지지는 않았다. 그 희생의 일부는 결과적으로 초기 첫 다섯 명의 총장들의 죽음으로 치러졌다.

사진 4 펜실베이니아 워민스터의 윌리엄 테넌트 묘소
묘비의 위에 라틴어로 새겨진 글이 쓰여 있었다.
"그가 알고 있던 것보다 더욱 잘 지었다."

제 11 장
비전의 확대
Enlarging the Vision

내가 너희로 노력지 아니한 것을 거두러 보내었노니 다른 사람들은
노력하였고 너희는 그들의 노역한 것에 참예하였느니라 - 요 4:38

뉴저지 대학(the College of New Jersey)의 초기 20년 동안, 대학은 중요한 발전과 어려움을 경험하였다. 대학의 1주년 기념식 다음 날 초창기 학교의 첫 총장 조나단 딕킨슨은 실추된 총장직을 회복하도록 젊은 동역자 아론 벌(Aaron Burr, Sr., 후에 미국 부통령의 아버지)을 남겨둔 채 서거하였다. 벌(Burr)의 리더십 때문에 학교는 입학시험, 커리큘럼, 규칙과 규범들, 그리고 프린스톤의 작은 도시에 새로운 캠퍼스를 세움으로 대학의 질적 수준을 발전시켰다. 하지만 그의 업적은 그가 학교에 세운 조직에 의해서 평가되는 것이 아니라 그가 온전케 한(equipped) 사람들의 성공에 의해서 평가되었다.

미국의 창설자를 온전케 하기

"우리가 영원히 성공하는 것은 오직 다른 사람을 개발할 때인 것이다"라고 말한다. 이것을 마음에 품고, 벌(Burr)의 10년의 총장 재임기간 동안 뉴저지 대학을 졸업한 지도자들의 목록은 다음과 같다.

- 62명의 목회자 중 2명이 다트마우스 대학(Dartmouth College)과 워싱턴 & 리 대학교(Washington & Lee University)를 설립;
- 6명의 변호사 중 2명이 연방대법원장; 식민지 펜실베이니아의 한 "대통령"; 다른 한 명은 미국 상원의원;
- 한 명의 주지사(노스캐롤라이나);
- 8명의 의사 중 2명은 미국의 첫 번째와 두 번째로 가장 오래된 의과 대학을 세움;
- 수많은 교사와 사업가 중 한 명은 뉴욕 시장이 됨; 그리고 뉴잉글랜드 런던 도시의 군 보안관(chief sheriff)이 됨.

비참하게도 대학이 프린스톤의 작은 마을로 이주한지(1757년) 1년 후 지나치게 일을 진행시킨 벌(Burr)은 병이 걸려 41세의 젊은 나이로 서거하였다. 5일이 지난 후에, 이사회는 그의 장인 조나단 에드워즈(Jonathan Edwards)를 선출하여 총장직을 맡게 하였다. 에드워즈는 — 유명한 부흥운동가며 미국에서 가장 뛰어난 철학자, 신학자 — 탁월한 선택이었다.

초기에 에드워즈는 총장직 제안이 왔을 때 그 일이 그의 문서사역의 일을 방해할 것으로 느껴서 자신의 건강을 염려로 그 제안을 거절하였다. 그 외에 조나단은 수년 전에 그가 교회에서 해고당한 때부터 인디언들 사이에서 선교사역을 수행하고 있었다. 거절하였던 조나단은 1년이 지난 후에 뉴저지 대학의 제안을 재고하고 수락하였다. 하지만 총장직을 수락한 후 2달 이내에 에드워즈는 천연두 예방접종 때문에 사망하였다. 에드워즈의 사망 기사에서 길버트는 이 세상에 있었던 뉴잉글랜드 부흥운동가 생애의 마지막 순간을 발표하였다.

그는 [에드워즈] 두리번거리고 말하였다. "이제 나사렛 예수가 계신 곳, 결코 실패하지 않은 나의 진정한 친구들이 있는 곳은 어디인가?" 그리고 그는 잠들었으며 그가 사랑했던 주님의 품으로 돌아갔다.

당신의 세대를 섬겨라

에드워즈의 뜻밖의 서거 후에 사무엘 데이비스(Samuel Davies)가 총장직을 위한 차선의 선택이었으며, 그는 패그스 매너(Faggs Manor)에서 사무엘 블레어(Samuel Blair)가 운영하던 로그 대학의 파생학교(daughter school) 졸업생이었다. 총장직을 수락하기 전에 데이비스(Davies)는 하느버 부흥운동(the Hanover Revival)을 이끈 것으로 유명하였으며, 후에 유명한 혁명가 패트릭 헨리(Patrick Henry)에게 크게 영향을 끼쳤다. 뉴저지 대학의 이사들 중에 한 이사는 데이비스(Davies)에 관하여 "총장직에서 결코 행복한 자가 아니었다"고 진술하였다. 모두의 행복은 단명(short-lived)이었고 18개월 동안 총장직을 수행하고 데이비스는 38세의 나이로 사망하여 2년 내에 3대 총장을 떠나보내게 되었다. 1760년 졸업생들에게, 데이비스는 다음과 같은 기억에 남는 말을 남겼다.

어느 곳이 당신의 삶의 자리가 되던 대중의 영혼을 흡수하고 소중히 여겨라. 당신의 삶을 위해서 살지 말고 대중을 위해서 살아라. 교회의 종들이 되어라. 당신 조국의 종들이 되어라. 모든 자들의 종들이 되어라.

비록 데이비스의 재임기간은 짧았지만 그 대학의 사역의 열매는 위대하였다. 1760년 학급 중에서 다음과 같은 리더들이 나오게 되었다.

- 수많은 대륙군대 군목; 미국 독립전쟁 당시 미국 대륙의 군대를 지칭한다(역자 주).
- 노스캐롤라이나 대학(North Carolina College) 창설자;
- 수많은 미국의 국회의원들;
- 독립선언서의 서명자.

데이비스의 사망 이후에 로그 대학 졸업생이며 노팅햄 아카데미(the Nottingham Academy) 설립자 사무엘 핀리(Samuel Finley)가

총장직을 수행하였으며 그의 죽음 전까지 5년 동안 대학을 섬겼다. 흥미로운 것은, 뉴저지 대학의 처음 세 총장들은 대학에서 훈련을 받은 자들이지만 후에 두 총장은 정규 학위가 없는 로그 대학에서 훈련 받은 자들이었다. 핀리는 글래스고 대학교(University of Glasgow)에서 명예학위를 받음으로 미국에서 2번째 영광의 학위를 받은 목회자가 되었다. 핀리의 재임기간 동안 졸업한 130명의 학생 중에서 주목할 것은,

- 브라운 대학교(Brown University)의 창설자(길버트 테넌트에 의해서 회심);
- 뉴저지의 주지사이면서 첫 상원 의원;
- 미국의 법원장.

핀리가 사망했을 때, 학교의 부총장과 로그 대학의 졸업생 존 블레이어(John Blair, 사무엘 블레이어의 형제)는 다음 총장이 취임하기까지 직무대행의 총장이 되었다. 대학의 20주년이 되던 때에 뉴저지 대학은 졸업생들의 거의 과반수를 신파(the New Side) 목회자로 온전케 세웠다.

한 세기가 끝나가기 전에 뉴저지 대학의 직원들은 미국의 교회를 향할 뿐 아니라 시민정부의 모든 지위를 향하여 윌리엄 테넌트의 비전인 교회의 부흥과 목회 훈련의 개혁을 수행하였다. 예를 들어서

1787년 헌법제정회의(the Constitutional Convention)에 파송된 55명의 대표자 중 9명이 뉴저지 대학의 동문이었다. 뉴저지 대학의 6대 총장 존 위더스푼(John Witherspoon, 독립선언서에 서명한 유일한 목회자이며 독립전쟁 당시에 대륙회의의 회원이 되었다) 아래 뉴저지 대학은 다음과 같은 지도자를 세웠다(대륙회의는 독립을 전후하여 2회에 걸쳐 열린 여러 주 대표의 회의(1774, 1775-89)를 지칭한다-역자 주).

- 목회자가 된 114명의 학생들;
- 주지사가 된 13명의 학생들;
- 미국 하원의원이 된 33명의 학생들;
- 미국 상원의원이 된 20명의 학생들;
- 대법원 판사가 된 3명의 학생들;
- 미국 부통령이 된 한 명의 학생(아론 벌, Aaron Burr, Jr.);
- 미국 헌법(the U.S. Constitution)의 아버지며 후에 미국 대통령이 된 학생(제임스 메디슨, James Madison).

윌리엄 테넌트(William Tennent, Jr.)는 대학의 첫 6명의 총장들 인도 하에 뉴저지 대학이 열매 맺은 수확으로 기뻐하였다. 하지만 7대 총장이 취임하였을 때 대학의 풍성한 수확은 썩기 시작하였다.

혼동의 시대

외부로부터 문제가 발생하는 일과 내부 안에서 문제가 돌출되는 것은 완전히 별개의 문제이다. 프린스톤의 빛나는 나사으 홀(the Nassau Hall)에 급진적 학생들에 의해서(1807년) 방화된 광경은 총장 사무엘 스미스(Samuel Smith)의 마음에 지워지지 않게 새겨졌다. 5년이 흐른 후에 또 다른 폭동이 캠퍼스 안에서 일어나 스미스로 일을 그만두게 하여 125명의 학생과 전 교수들을 불안하게 하였다. 그 해에 스미스는 강제로 사임하지 되었고 그의 종교학과는 고유의 목회 사역 학교(프린스톤 신학대학원이라 불린다)로 형성되어 분리되었다. 왜 뉴저지 대학 — 윌리엄 터넨트 유산의 후계자 — 은 거의 파멸의 시점에 오게 되었는가?

스미스가 19세기의 전환기에 총장직을 수행하였을 때 미국은 큰 윤리적인 과도기어 있었다. 미국의 독립선언과 프랑스 혁명의 인본주의 사상의 승리를 타고 차세대는 열정적으로 그들의 빼앗길 수 없는 권리들을 실천하기를 추구하였다. 사람들은 세속주의와 과학에 열중하게 되었으며 제도화된 종교 때문에 냉소적인 것은 늘어났다. 한 역사가가 주장하듯이, 대부분의 미국인들은 "자연과 자연 법칙의 주인"과 "교회와 국가의 더 이상의 지도를 필요로 하지 않은 자유로운 존재"로 자신들을 바라보았다.

미국의 독립전쟁이 일어나기 단 25년 전에 예일 대학의 총장은 "대학들은 목회사역의 일을 위하여 사람을 훈련하기 위한 목회자들의 공동체"라고 기록하였다. 전쟁의 시작에서 1815년까지 예일 대학은 단지 9명의 목회 후보생을 졸업시켰다. 이것은 40여년 이상의 기간 동안 매 6년마다 한 명의 목회자 후보생을 배출한 것이다! 목회자들은 한때 공동체의 영성과 지성의 지도자들이었지만, 이제 그들은 그들의 사회적 위치가 정치, 과학, 그리고 상업의 사람들에 의해서 대체되었음을 알게 되었다.

이러한 문화적 변화 가운데, 남부의 주(sates)들과 뉴잉글랜드의 뛰어난 아이비리그 — 예일 대학(Yale College)에 부흥운동이 일어나고 있다는 소식지가 유포되었다.

다른 대각성운동

"만약 한 세대가 쇠약하기 시작한다면 그 뒤를 잇는 다음 세대는 통상적으로 하나님이 성령의 기름을 그들에게 부어주기 전까지 더욱더 쇠약하거나 나빠지게 된다"고 하버드 대학의 초기 부총장이 기록하였다. 인본주의 활동가들이 하나님과 그의 나라의 목적에서 미국을 점점 더 멀리 돌리는 동안, 제2차 대각성운동(1794-1804)이라 불리는 때에 하나님은 예일 대학과 켄터키의 최전방(frontier)과 같은 장소에 그의 성령을 부으시고 계셨다.

뉴잉글랜드 부흥운동의 주된 도구는 조나단 에드워즈의 손자, 예일 대학의 총장 디모티 라이트(Timothy Dwright)였다. 라이트는 하버드 대학과 같은 학교들과 지역교회에 편만해진 유니테리언-보편주의

(Unitarian-Universalism)를 공격하였다. 북미의 자유주의 기독교의 한 이단 종파로 삼위일체설을 부인하고 유일 신격을 주장하였다(그리스도의 신성을 부인하는 신학적 주장을 삼았던 종파였다-역자주). 라이트의 행정력 아래 예일 대학의 과반수 학생 공동체는 그리스도로 전향하였다.

켄터키 부흥 운동들에 앞장선 사람은 로그 대학 운동 안에 영적인 뿌리를 두고 있는 제임스 맥그레디(Jams McGready)와 발톤 스톤(Barton Stone)이었다. 맥그레디는 로건 지방 부흥(the Logan County Revival, 1800년)의 주요 인물이었으며 스톤(Stone)은 케인리쥐 부흥운동(the Cane Ridge Revival, 1801년 가을)의 주요 인물로 그곳에서 23,000명의 사람들이 참석하였다.

비록 맥그레디가 블레이어의 패그스 매너 학교(the Faggs Manor School)의 동문에게 가르침을 받았더라도 스톤(Stone)과 맥그레디(McGready)는 노스캐롤라이나(North Carolina)에 위치한 그린스보로(Greensboro)에 근접한 전설적인 길포드 로그 대학(the Guilford log School)에 다녔다. 독립전쟁 전에 길포드 아카데미(the Guilford Academy)는 남부의 교육 센터였다. 학교의 설립자 데이비드 콜드웰(David Caldwell)도 그 뿌리를 테넌트의 로그 대학에 두고 있었을 뿐 아니라 그의 삶 자체도 윌리엄 테넌트의 삶을 무척이나 본받고 있었다.

남부의 로그 대학

데이비드 콜드웰(David Caldwell, 1725-1824)은 블레이어의 패그스 매너 학교(Faggs Manor School)의 동문, 로버트 스미스(Robert Smith)가 운영하는 펜실베이니아 페쿠에아(Pequea)에 있는 로그 대학(a log college)에 다녔다. 콜드웰은 뉴저지 대학에서 데이비스와 핀리 아래서 수학하였으며 그곳을 졸업한 후 고전어를 가르치지 위해서 돌아왔다. 후에 콜드웰(Caldwell)은 테넌트가 지지하는 뉴브룬즈윅 총회에서 설교할 수 있는 면허를 얻고 윌리엄 테넌트처럼 그의 교회수입을 보충하기 위해서 농장을 시작하였다.

40세가 되던 해에, 콜드웰(Caldwell)은 그의 전설적인 학교를 자신의 집에서 시작하였다. 또한 테넌트와 같이 콜드웰의 교수자료들은 매우 한정되었다. 이전의 한 학생이 회상하기를,

[학교]에 부속된 도서관이 없었다. [콜드웰]의 학생들에게 라틴어와 헬라어 과목들, 유클리드의 기하학, 그리고 마틴(Martin)의 자연철학의 몇 과목만이 제공되었다. 윤리철학은 프린스톤 대학에서 위더스푼(Witherspoon)이 강연하였던 강의 계획서로 강의되었다. 학생들은 역사와 그 외의 문학에 대한 책을 소유하고 있지 않았다.

자료의 부족함에도 불구하고 콜드웰은 그의 생애동안 3천명의 학생들을 양육하였다. 그의 졸업생 중 5명은 주지사가 되었으며 후에

미국 하원의원이 되었다. 더욱이 콜드웰은 그의 로그 대학을 운영하던 56년 동안 "수많은 부흥운동"이 일어났다. 콜드웰의 한 친구는 "어떤 이유로 수년 동안 노스캐롤라이나(North Carolina)뿐 아니라 남부와 서부 지역에 있는 장로교회 사역에 들어온 거의 모든 젊은 청년들이 그의 학교에서 훈련받았지"라고 언급하였다. 1794년 콜드웰은 새롭게 세워진 노스캐롤라이나 대학교(University of North Carolina)의 첫 총장직 제안을 받았지만 고령의 이유로 그는 거절하였다. 다시금 하나님은 미국에 영향을 주기 위하여 "로그 대학의 비전"을 소유한 사람을 사용하셨다.

학교운동

제2차 대각성운동의 관해 덜 알려진 사실은 대각성운동의 부흥운동가들이 600여 개가 넘는 학교를 세움으로 그들의 선임자들을 능가하였다는 것이다. 이러한 부흥운동이 잠재워진 후에 목회자들을 향한 큰 요구는 열려지지 않은 최전방(the frontier)을 복음화하는 것이었다. 뉴저지 대학과 같은 학교들은(총장 사무엘 스미스의 행정력 아래) 이 요구를 충족할 수 없는 자신들을 발견하였다.

앤도버(Andover)와 같은 신학교들의 성공과 함께, 프린스톤의 지도자들 중 일부는 곧 신학교 모델이 그들의 문제에 대한 타당한 해결안으로 바라보았다. 1812년 스미스 총장이 사임한 그 해에, 프린스톤 대학의 일부 지도자들이 프린스톤 신학교를 대학원 체계의 목회훈련

학교로 세웠다.

로그 대학과 뉴저지 대학의 기원과 같이 새로운 프린스톤 신학대학원은 오직 한 명의 교수 — 아키볼드 알렉산더(Archibald Alexander) 교수로 시작하였는데, 그는 또한 윌리엄 테넌트 로그 대학의 분명한 자서전을 기록하였다. 흥미롭게도, 몇몇 신학교의 창설자들은 (알렉산더에 의하면) "로그 대학이 있던 바로 그 터전 위에 신학교를 세우기를 강하게 선호하였다." 테넌트가 세운 네샤미니 교회 3대 목사이며 테넌트의 첫 자서전 작가 나다니엘 일윈(Nathaniel Irwin)은 만약 신학교가 로그 대학이 있던 원래의 자리에 세워진다면 신학교에 1,000불을(오늘날 13, 754불 정도) 기부하겠다고 그의 유언에 명시하였지만 결코 그렇게 이루어지지 않았다.

새로운 신학교가 사람을 온전케 세우는 일에 초점을 두며 더욱더 큰 자유를 만들어가는 비전을 많은 자들이 품고 있었다. 흥미롭게도 신학교의 설립 비전은 딕킨슨(Dickinson)의 회상과 로그 대학 사람들의 선교였다.

사역의 임무를 유지해야 할 사람들 안에서의 연합은 마음의 경건, 이것은 지속적인 배움과 함께 새롭게 하시고 성화하시는 하나님의 은혜의 유일한 열매이다. 복음의 사역자들 안에서 배움이 없는 종교 혹은 종교가 없는 배움을 믿는 것은 궁극적으로 교회에 해롭다는 것을 증명해야만 한다.

비록 다음의 20년 이상 새로운 22개 신학대학원들의 열매들이 나타났더라도 시대의 세속주의 또한 자신들만의 고등교육 학교들을 세움으로 맞섰다. 존 록펠러(John D. Rockefeller, 석유), 제임스 듀크(James Duke, 담배), 에즈라 코넬(Ezra Cornell, 전신과 금융), 존스 합킨스(Johns Hopkins, 금융과 철도), 그리고 릴랜드 스탠포드(Reland Stanford, 철도)와 같은 실업계의 거물들이 "현대적" 대학교들의 설립에 자금을 지급하였다.

교육에 관하여 한 세속적인 교과서는 미국 공교육 제도의 기획자이며 유니테리언 신봉자 호레스 만(Horace Mann)과 같은 "공교육 운동의 개혁자들은 지방 [사립의 종교적인] 학교들이 민주주의에 가장 큰 위협으로 바라보았다'고 언급하였다.

그들의 마음에 공교육 학교의 목적은 — 윤리적 가르침, 훈련, 애국주의, 성숙한 이해, 공식적인 평등, 그리고 문화적인 동화 — 만약 많은 자녀들이 독립 학교(independent school)에 있다면 결코 성취될 수 없을 것이다.

흥미롭게도, 이 내용은 로그 대학들을 활성화하자는 길버트의 주장을 공격할 때 존 핸칵(John Hancock)이 만든 같은 국교주의적 논쟁이었다. 본 경우에 있어서, 국교주의는 세속의 학교들을 통해서 구현되었으며 그것은 도덕적 훈련의 통제를 위해 싸웠다.

전쟁

이 싸움은 사람들의 마음과 이성에 대한 싸움이었으며 그 현장은 학교의 교실이었다. 아브라함 링컨(Abraham Lincoln)이 이야기하고 있듯이, "한 세대에 교실의 철학은 다음 세대에 정부의 철학이 될 것이다." 다른 말로 말하면, 교실을 통제한 누구든지 다음 세대를 통제하는 이점을 취하였다. 개혁가 마틴 루터(Martin Luther)는 다음과 같이 기록하였다.

하나님의 말씀 연구를 계속적으로 추구하지 않는 모든 기관은 썩게 된다. 내가 크게 두려워하는 것은 만일 그들이 젊은 학생들에게 성경을 성실하게 가르치지 않거나 감동시키지 않는다면 대학교들은 지옥으로 가는 넓은 문들이다.

이러한 이유로, 윌리엄 테넌트는 교회와 나라를 변화시키고 지도자를 세우기 위해서 그의 로그 대학을 시작하였다. 로그 대학의 많은 부흥운동가들은 성실하게 그들 스승의 정신적 영향(mantle)을 성공적으로 수행하였다. 시간이 흐름에 따라 그들의 계승자들은 사도 요한이 기술하였던 것, "그의 기름부음이 모든 것을 너희에게 가르치며 또 그 가르침은 참된 것"(요일 2:27)보다 우선하여 학풍주의(scholasticism)의 가치를 높이 평가하는 것으로 성장하였다. 따라서 로그 대학의 계승자들은 부흥운동의 기름부으심을 성직의 전문성으로 바꾸었다. 그리고 그들의 경시함이 우리의 실패가 되었다. 테넌트가 행한 것처럼 하나님의 목적에 참여하기를 갈망하는 자들을 위해 "성도를 온전케 하는" 지도자의 영향을 성공적으로 수행하기 위하여 테넌트의 결단을 취하여야 한다(엡 4:12).

만약 당신이 테넌트와 같이 ― 하나님의 성령으로 능력을 소유하고 온전케 세워진 자들을 보고자 하는 ― 동일한 부담을 짊어진다면 도전은 기세가 꺾인 것처럼 보인다. 하지만 하나님은 세상의 성공기준에 의해서 우리가 성공하는 것을 요구하시지 않으며 하나님이 우리에게 요구하시는 것에 충성하기를 요청하신다(마 25:21; 고후 2:14). 언급된 것과 함께 이제 어떻게 하나님이 당신을 통하여 교회의 변화를 도와 세상을 변화시키기를 원하시는지 마지막 장을 기도하는 마음으로 읽어 주기를 바란다.

제 12 장
성령의 불 회복
Recovering the Fire

오 하나님 우리에게 성령을 허락하소서!
우리에게 신령한 삶의 생명과 정복되지 않는 열정의 불을 허락하소서.
하나님, 영광의 혼란의 때를 주소서. 오! 가장 무감각한 자들에게 영향
을 미칠 그 성령어 불의 임재함을 위하여 기도합니다.
당신의 능력의 도래를 방해하는 모든 장벽을 파하여 주소서!
우리에게 타오르는 마음과 성령의 방언을 모두 허락하여
당신의 화목하게 하시는 말씀을 선포하게 하소서,
여수 그리스도의 이름으로 기도합니다! 아멘!

- 찰스 스펄전(Charles Spurgeon, 1834-1892)

윌리엄 테넌트는 변화의 대리자였으며 그 비전은 한 시대와 장소에 국한되어져서는 안 된다. 비록 구약의 다윗과 같이 테넌트가 "당시에 하나님의 뜻을 좇아 섬겼지만"(행 13:36) 테넌트의 비전을 위한 하나님의 계획하심은 여전히 완성되지 않은 채 남아있다. 초창기 미국은

부흥운동의 교회지도자를 세우는 테넌트의 세움 목회(equipping ministry)를 몹시 필요로 했다. 하지만 한 장로교 신학대학원 총장이 주시하였듯이 오늘날 교회를 향하여 절대적으로 필요한 것은 "우리의 현재 지배적인 '성직자 위주의 패턴'에서 '하나님 백성 위주의 패턴'으로 변화하는 것"이다.

우리의 현 세대의 도전은 평신도 부흥운동가를 세움으로 테넌트의 세움 모델(equipping model)을 확장하는 것이며 — 그곳에서 새롭게 거듭난 육체노동자, 인텔리 직업인, 십대들, 노년층, 부모와 자녀들은 주의 위대한 지상명령을 수행하기 위해서 성령의 능력을 소유한 부흥운동가들로 자유케 된 것이다(마 28:19-20).

슬프게도 많은 사람들이 목회사역은 주로 특정한 "자격이 부여된" 소수의 사람들을 위한 것이라는 비성경적인 생각을 계속적으로 믿는다. 하지만 한 성경 대학 총장이 말하였듯이, "온 세상이 그리스도에게 굴복하게 되는 것은 오로지 온전히 훈련된 평신도를 통해서만이 가능하다." 성경은 분명히 모든 그리스도인들이 그리스도의 사역 안에서 봉사의 일을 하도록 부름을 받은 것을 선언하고 있다(엡 4:12; 벧전 2:9). 문제는 예수 그리스도가 우리 각자를 부르셔서 성취해야 할 일은 무엇인가 하는 것이다.

대부분의 사람들은 "목회"라는 단어가 교회의 사역과 동의어라고 잘못 생각한다. 비록 주님이 일부를 부르셔서 전임(full-time)으로 교회와 연관된 일들을 하게 하시지만 이것이 성격적인 유일한 규범은 아니다. 예수 그리스도는 "우리로 말미암아 각 처소에서 그리스도를 아는 냄새를 나타내시기를" 갈망하신다(고후 2:14). 이것이 사회의 모든 영역에 — 우리의 학교제도, 실업 공동체, 정부기관들, 그리고 이웃들 — 그의 성경의 권능이 부여된 사람들을 배치하는 것이 그분의 전략적인 목적이다(눅 24:45-49; 행 1:8; 고후 5:20). 그리고 이 목적은 평신도들이 성령의 능력, 사랑, 그리고 자기 훈련으로 덧입혀질 때에만 일어날 것이다(딤후 1:7; 행 2:1-4, 37-39; 18:25-26; 19:1-7; 롬 12:11).

평신도를 자유케 함

비록 기독교 교육의 현장에서 수년 동안 많은 부분이 발전되었더라도 한 가지 도전이 우리 앞에 여전히 놓여 있다. 지역교회에서 어떻게 신자들이 그들의 "봉사의 일"을 하도록 자유케 할 수 있을까(엡 4:12)? 침례교 목사이면서 작가인 프랭크 틸라파우(Frank Tillapaugh)는 많은 교회들이 세움의 문제에 빠져든 악순환을 다음과 같이 기술하였다.

교회의 리더십을 위하여 사람을 준비하는 방법에서 본래의 오류를 잠시 생각해 본적이 있는가? 학생으로서 그들은 요새적인 환경 안에서 학교를 다닌다. 수년 동안 그들은 교실과 도서관에서 수많은 인생의 시간을 허비한다. 이 가정(assumption)은 만약 그들이 강의를 듣고 책을 읽는다면 그들은 교회 안에서 지도자로 세워지게 된다는 것이다. 보상체계는 점수를 토대로 하였다.

수년 후에 그들은 교회에서 성직의 자리에 요청받았다. 기능적으로 교회는 학교를 닮았다. 학교에서 훈련받은 지도자들은 그리스도의 삶을 살도록 당신이 사람을 온전케 세우는 길이 기독교 신앙에 관한 많은 사실들을 제공하는 것이라고 가정한다. 당신은 사람들을 시험(test)할 수 없지만 당신은 그들에게 확실하게 강의할 수 있다. 만약 사람들에게 쏟아 부어진 내용들이 성숙한 그리스도인을 만들어낸다면 미국에 있는 교회는 이제껏 역사가 목격하였던 가장 성숙한 교회가 될 것이다.

학교가 행하고 있는 것에는 잘못된 것이 없다. 단지 우리는 그들에게 너무나 많은 것을 기대하고 있다. 대부분은 필요한 실제적인 훈련을 제공할 만한 위치에 있지 않다. 아마도 이것은 우리가 리더십을 대비하여 후보생들을 준비시키는 더 많은 지역교회를 기대해야 함을 의미하는 것이다.

그렇다면 지역교회의 상황 안에서 지도자와 평신도의 관계는 어떻게 되어져야 하는가? 지도자들은 성도들이 그리스도의 형상을 닮아가도록 돕는 성령이 이끄시는 훈련자로서의 기능적 역할을 해야 한다. 다시 말하면 성령이 하나님의 선수들을 현장에서 개인적으로 코치(coach)하시는 동안에 훈련가들은 하나님의 선수들을 관망적 입장에서 코치해야 한다(엡 4:12). 왜 많은 그리스도인들이 그들의 신앙여정에 있어서 좌절을 경험하며 지루한 이유가 여기에 있다 — 말하자면 그들은 불필요하게 벤치에 앉아있는 것이다. 아마도 누군가를 위하여 그들이 필요한 모든 것은 마치 브리스길라(Priscilla)와 아굴라(Aquila)가 성경에서 아볼로(Apollos)라 불리는 부흥운동가에게 행한 것과 같이 그들에게 "하나님의 도를 더 자세히" 풀어 설명하였듯이 그들을 옆으로 불러내는 것이었다(행 18:24-28).

바울이 우리가 "서로 돌아보아 사랑과 선행을 격려"(히 10:24) 해야 함을 기록하였을 때 교회의 지도자들이 홀로 하나님이 감동시키는 그 일을 하도록 성도들에게 동기를 부여하는 책임이 있음을 바울은 의미하지 않았다. 틸라파우(Tillapaugh)는 이렇게 설명했다.

경외, 의무, 혹은 복을 받을 수 있다는 동기로 성도들을 자극하는 목사들을 바라보는 것은 슬픈 일이다. 하나님은 자발적인 동기를 사용하시는데 그 이유는 바로 이 자발적인 동기가 어떤 시간의 범위에서도 일하는 유일한 추진력이기 때문이다. 하나님이 우리에게 나아가기를 원하시고 그렇게 행하기 위해서 그가 종종 자원하는 동기(want-to motivation)를 사용하시는 곳으로 우리 안에 행하시는 성령이 인도하신다.

바울이 "너희 안에서 행하시는 이는 하나님이시니 자기의 기쁘신 뜻을 위하여 너희로 소원을 두고 행하게 하신다"(빌 2:13)는 것을 기록하였을 때 "행하시는(at work)"의 문구는 헬라어(Greek) "에네르기오(energeo)", "힘/능력을 주다"는 의미이다. 하나님은 우리가 그의 일을 하기를 원하도록 우리에게 힘을 주시고 계시다는 것을 아는 것이 얼마나 힘을 북돋아 주는가! 그러므로 그들이 공적으로 지도자의 위치에 있든 그렇지 않든 성령이 힘을 주셔서 성취해야 하는 그 사역을 발견하도록 다른 사람을 돕는 것이 바로 성숙한 성도들의 책임이다. 이것은 다음과 같은 유도적인 질문을 물음으로 해결될 수 있다.

- 인생에서 당신이 갈망하고 있는 것은 무엇인가?
- 만약 당신이 돈, 시간, 그리고 훈련을 소유하고 있다면 지금 당장 하고 싶은 것은 무엇인가?
- 하나님이 당신을 부르셔서 당신의 삶을 통해서 이루고자 하는 것에 대해서 기도해 본적이 있는가?

그런 후에 성숙한 성도에게 때론 "말의 응답은 여호와께 있다"(잠 16:1)는 것을 깨닫게 함으로 사람의 응답을 영적으로 구분할 수 있도록 하게 한다. 다른 말로 말하면, 사람들은 놀랍게도 응답을 그들의 입술에서 찾은 것은 단순히 타인이 그들에게서 답을 성실하게 끌어내기 위해 그곳에 함께 있기 때문이다.

생각 세우기

사람들이 성장하여 그들의 소명과 은사에 익숙하기 위해서 필요한 것은 무엇인가? 어떤 세움의 과정에서 반드시 포함되어야 할 세 가지 주요한 요소가 있다. 이 세 가지 요소 중에서 어느 한 가지를 무시한다면 세 가지 요소가 사람들의 성장을 다만 방해할 뿐이다.

- 사람들은 기회가 필요하다.
- 사람들은 자유가 필요하다.
- 사람들은 격려가 필요하다.

하나님이 일을 행하도록 그들을 이끄시는 것에 참여하도록 돕기 위해서는 그들의 약함을 강하게 하며 그들의 강함을 극대화할 수 있는 성장의 기회들을 제공해야만 한다. 하지만 기회 그 자체로는 충분하지 않다. 사람들은 또한 자유로이 모험을 해보고, 실수도 하며, 창조적이며, 그들의 꿈과 경외함을 나눌 수 있도록 느껴야 한다.

자유를 만끽하기 위해서 사람들은 삶에서 그들을 격려해 줄 수 있는 누군가가 있어야 하며, 그가 기꺼이 건설적인 피드백(feedback)과 후원을 준다. 결국 그 누군가는 주님이시며 그는 "신기한 능력으로 생명과 경건에 속한 모든 것을 우리에게 주셨으니 이는 자기의 영광과 덕으로써 우리를 부르신 자를 앎으로 말미암음이라"(벧후 1:3).

더욱더 실제적인 면에 있어서 어떻게 지역교회가 사람들을 성장시켜 "내가[주님이] 불러 시키는 일(행 13:2)"에 익숙하도록 도울 수 있는 방법에 관하여 몇 가지 아이디어가 있다.

• 비전-선포 사역의 기회들. 교회 지도자들은 주님이 그들의 마음 속에 부어준 공적인 사역의 기회들을 제공해야 하며, 그 사역에 앞으로 나아가 반응하도록 강하게 느끼는 자들을 주목하고 기다려야 한다. 이것은 지도자가 제시하는 모든 기회마다 직접적으로 연관되어야 하는 것을 의미하지는 않는다. 그들이 필요로 하는 것은 기회의 "씨(seed)"를 뿌리는 것이며 성령으로 하여금 그 씨가 그들의 마음 밭에서 자라게 하는 것이다. 만약 한 기회의 문이 다른 누군가에게는 무한한 기회들이 열려질지 누가 알겠는가?

• 멘토십(mentorship), 소그룹, 성경공부의 장(marketplace), 혹은 학교를 시작하라. 그곳에서 하나님을 만날 수 있으며 온전케 준비되어진다. 이러한 각각의 그룹 모임의 목적은 사무엘상 21장에서 아히멜렉(Ahimelech)이 성소를 관리하고 있는 것과 같이 그들을 관리하는 것이다. 아히멜렉의 이야기에서, 다윗은 배고픔과 빈손으로 성소에 달려갔다. 그러나 아히멜렉의 융통성과 환대 덕분에 미래의 왕 다윗은 그의 손에 과거 승리의 칼인 골리앗(Goliath)의 칼과 "진설병(the Bread of the Presence)"을 가지고 그곳을 떠났다(삼상 21:6). 이와 같이, 배고픈 자와 비-무장한 자가 영양보충을 하고 장비를 취할 수 있는 곳에 학교들과 작은 소그룹들이 유연성과 환대의 장소가

되어야 한다. 소그룹들은 사람들에게 그들의 사역의 은사들을 실천할 수 있으며, 관계를 형성하고, 건설적인 반응(feedback)을 얻을 수 있는 안전한 장소가 되어야 하며, 그래서 그들은 충분히 성장하여 하나님이 일하도록 부르신 것에 익숙하게 되는 것이다.

• 하나님의 성령에 지배되는 방법에 대한 성경공부 과목을 제공하라. 모든 그리스도인들이 주님께 드리는 예배의 궁극적인 행위는 성령으로 사는 삶을 배우는 것이다. 성경은 "무릇 하나님의 영으로 인도함을 받은 그들은 곧 하나님의 아들이라"(롬 8:14)고 말하고 있다. 사람들로 그들의 목자의 음성을 더 올바르게 인식하고 따르도록 훈련시키는 것보다 더욱더 만족스러운 것이 무엇이겠는가? 만약 우리 모두가 "성령으로 사는 삶"을 배운다면 우리의 가정, 일터, 이웃, 그리고 교회들은 얼마나 달라지겠는가(갈 5:25)?

그러나 만약 당신의 삶에서 어떤 사역의 기회가 제시되지 않는 것처럼 보인다면, 왜 윌리엄 테넌트가 행한 것을 하지 않으며 당신이 이미 행하고 있는 일에 지경을 넓히지 않는가? 독일의 한 속담이 말하고 있듯이, "천을 짜기 시작하라 그러면 하나님이 실을 공급해 주실 것이다." 말하자면, 당신의 부족한 자원 — 사람, 장비, 재정, 충분한 비전 — 에 관계없이 당신이 이미 소유하고 있는 것으로 시작하라 그리고 하나님이 행하시는 것을 바라보라.

마태복음 15장 33-34절에서 예수의 제자들은 그 시간의 요구를 충족시키기 위해서 그들이 필요한 자원이 부족한 것을 설명하였다. 하지만 주님은 그들의 초점이 자연적인 자원에서 하늘의 영원한 자원으로 전향할 것을 추구하셨다. 이와 같이 우리가 자원이 부족하다는 것을 발견할 때마다 우리의 만족할 것은 오직 "하나님께로써 났으니 우리로 새 언약의 일군 되기에 만족케 하셨다"(고후 3:5-6)는 것을 기억해야 한다. 그리고 "예수 그리스도 안에서 영광 가운데 그 풍성한 대로 너희 모든 쓸 것을 채우시는"(빌 4:9) 분은 바로 하나님이시다. 따라서 믿음 안에서 "천을 짜기" 시작하자. 그리고 어떻게 하나님이 우리에게 "실(the thread)"을 공급하시는지 바라보자.

성령의 불 회복

실천적 훈련의 실행은 단지 윌리엄 테넌트의 세움의 모델(equipping model)의 일부분이었다. 그의 세대를 변화시켰던 열쇠는 부흥운동가들을 훈련시키고 선교의 현장으로 배출하는 것이었다. 다른 말로 하면, 전통적인 훈련방법과 테넌트의 비전이 구별되는 것은 개인의 종교적 경험, 거룩한 삶, 그리고 만인 제사장적 직분를 집중적으로 강조한 그의 열정적인 "부흥운동"이었다.

슬프게도 비록 많은 학교와 교회의 지도자들이 부흥운동의 열매를 — 급부상하는 교회 성장과 같이 — 갈망한다 하더라도 소수의 사람만이 간절히 부흥신학(revival theology)을 핵심적인 가치로 구체화하는 데 갈망하는 자들로 보인다. 다른 저자들이 이미 사람들이 부흥운동을 거부하는 이유에 대해서 밝혔기 때문에 나는 이 시간에 그들의 수고를 반복하고 싶지는 않다. 그보다 나는 개인적인 삶, 교회, 직장, 그리고 학교의 영적인 상태에 불만족스러운 자들과 부흥운동에 관하여 기꺼이 무엇인가를 하고 싶어 하는 자들에게 말하기를 소망한다.

테넌트는 부흥운동가 훈련의 부족, 시민들의 자기만족, 동료 목회자들의 거듭남에 대한 무시를 인내할 수 있었다. 그러나 테넌트 안에 있는 무엇이 그러한 현상(status quo)을 받아들이기를 거부하였다. 변화하지 않는 것이 변화하는 것보다 테넌트에게는 더욱더 희생이 크다는 것을 증명하였다. "우리가 문제를 만들었을 때 우리는 이전에 사용했던 동일한 종류의 생각을 사용함으로 그 문제를 해결할 수 없다" 그러므로 문제들이 변화하는 것을 바라보기를 소망하는 자들은 먼저 주님이 어떻게 우리가 변화하기를 원하시는지 주께 물음으로 시작하자.

부흥운동가들이 이해하였고 예수 그리스도가 요한계시록 3장 16-17절에 생생하게 설명하였듯이, 미온적인 것(lukewarmness)은 모든 신자들이 영적으로 깨어서 경계해야 할 대적이다. 미온적인 것은 ― 그리스도를 향하여 "덥지도 차지도 않은" 상태의 태도를 의미하는 것으로 ― 우리가 하나님을 갈망하기를 멈추며 주님보다 다른 것들을 열망하기 시작할 때 시작된다(16절). 미온적인 것은 "풍요롭다(우월함)" 혹은 "아무것도 필요 없다(자기만족)"의 잘못된 감정의식의 상태로 놓아둔다(17절). 미온적인 자들은 교만하게 어떤 것도 필요 없다는 믿음으로 자신들을 속인다. 그들은 아마 부흥의 필요를 믿을 것이지만 그들 자신을 위한 것은 아니리라 — 그것은 그들의 위신과 관계되는 것이다.

부흥운동가의 비밀

다른 한편으로, 하나님을 향한 갈망이 테넌트의 부흥운동가들이 다른 사람들과 구별되는 점이다. 윌리엄의 부흥운동가들은 필사적으로 하나님께 대각성운동을 그들에게 보내어 줄 것을 갈망하였으며 — 그 부류에서 주님은 "성령의 나타남과 능력(고전 2:4-5)" 그리고 "모든 자들이 두려워함"(행 2:43)을 일으키셨다. 만약 우리가 하나님의 일에 대하여 "경외(sense of awe)"를 우리의 마음에 지키고 미온적인 교회를 향한 주의 명령을 — "열심을 내고 회개하라"(계 3:19, 우리의 마음이 열정적이며 회개하도록) — 순종 한다면 "마음이 정직하지 못하며 그 심령은 하나님께 충성하지 아니한 [슬픈] 세대"가 되는 것을 피할 수 있는 것이다(시 78:8).

모든 사람에게 허락하시는 하나님의 가장 큰 은사는 바로 하나님 자신을 갈망하는 것이다. 비록 바울이 디모데에게 말하였듯이 우리가 "당신 안에 있는 하나님의 은사를 불일듯 하게"(딤후 1:6) 할 수 있더라도 하나님을 향한 우리의 갈망은 하나님에게서 독립적으로 생길 수 없는 것이다. 우리가 하나님을 갈망하도록 만드는 것은 바로 하나님이시다(요 6:44; 12:32). 우리가 그를 더욱더 갈망할수록 우리는 성경을 더욱더 읽고 싶을 것이며, 잃어버린 영혼이 구원함을 얻는 것을 바라보고 싶을 것이며, 다른 신자와 교제하고 싶을 것이며, 그가 거룩하신 것처럼 거룩하게 살고 싶을 것이다(벧전 1:15-16).

만약 하나님이 당신을 부르신 목적이 불분명하다면 단순히 테넌트가 행한 것을 시행하라. 그리고 그가 당신에게 허락하신 은사가 무엇인지 그리고 그의 영광을 위해서 어디서 그 은사들을 사용할지를 알려달라고 하나님께 간구하라. 만약 당신 안에 무엇인가 "그의 힘의 강력으로 역사하심을 따라 믿는 우리에게 베푸신 능력의 크심"을 보기를 원하며(엡 1:19), 또한 당신이 계속적으로 "성령이 충만하여 하나님의 말씀을 기탄없이 말하기를(행 4:31)" 원한다면 우리의 믿음의 선조들이 그들의 무능력한 삶에 능력을 부여받기 위해 하나님을 갈망할 때 기도하였던 것처럼 기도하라.

> 종들로 하여금 담대히 하나님의 말씀을 전하게 하여 주옵소서 손을 내밀어 병을 낫게 하옵시고 표적과 기사가 거룩한 종 예수의 이름으로 이루어지게 하옵소서 하더라(행 4:29-30)

나아가는 말

진실로 "위대한 교사들은 기록될만한 외적인 역사가 거의 없다. 그들의 삶은 다른 사람의 삶으로 반복되어진다"고 윌리엄 테넌트에 대해서 말해 왔다. 비록 세상의 눈으로 보면 그의 삶은 탁월하지는 않았더라도 영원한 진리의 눈으로 보면 그의 삶은 분명히 중요한 삶이었다. 하지만 윌리엄과 그의 제자들은 우리에게서 멀리 떠나갔고 로그 대학은 먼지로 변한지 오래되었다. 그렇다면 우리에게 남겨진 것은 어디에 있는가? 그리고 하나님에게 남겨진 것은 어디에 있는가? 하나님은 부흥운동의 학교들을 시작하기 위해서 윌리엄 테넌트를 더 이상 사용하실 수 없다. 또한 길버트 테넌트나 혹은 조지 휫필드도 도시들과 지역들을 깨우기 위해서 사용할 수 없다. 하나님이 사용해야 할 모든 것은 바로 우리이며 — 그를 위해 충분한 것이다(요 4:38). 윌리엄 테넌트처럼 당신의 가슴 속에 하나님이 심겨준 비전을 향하여 성실하게 일하기를 바란다.

사진 5
테넌트의 농장 본래의 자리에 위치한 로그 대학 기념비, 그곳에서 학교가 세워졌었다.

순전한 나드 도서안내 02-574-6702

No.	도서명	저자	정가
1	강력한 능력전도의 비결	체 안	11,000
2	거의 완벽한 범죄	프랜시스 맥너트	13,000
3	광야에서의 승리(개정판)	존 비비어	10,000
4	교회, 그 연합의 비밀	프랜시스 프랜지팬	10,000
5	교회를 뒤흔드는 악령을 대적하라	프랜시스 프랜지팬	5,000
6	교회를 어지럽히는 험담의 악령을 추방하라	프랜시스 프랜지팬	5,000
7	그리스도인의 삶의 비결	진 에드워드	8,000
8	기름부으심	스미스 위글스워스	8,000
9	꿈을 통해 말씀하시는 하나님	헤피만 리플	10,000
10	날마다 하나님께로 더 가까이	존 비비어	13,000
11	내 백성을 자유케하라	허철	10,000
12	내게 신선한 기름을 부으셨나이다	허철	9,000
13	내면 깊은 곳으로의 여행	진 에드워드	11,000
14	내어드림	페늘롱	7,000
15	다가온 예언의 혁명	짐 골	13,000
16	다가올 전환	래리 랜돌프	9,000
17	당신도 예언할 수 있다	스티브 탐슨	12,000
18	당신은 예수님의 재림에 준비가 되어 있습니까?	메릴린 히키	13,000
19	당신은 치유받기 원하는가	체 안	8,000
20	당신의 기도에 영적 권위가 있습니까?	바바라 윈트로블	9,000
21	더넓게 더깊게	메릴린 앤드레스	13,000
22	동성애 치유될 수 있는가?	프랜시스 맥너트	7,000
23	두려움을 조장하는 악령을 물리치라	드니스 프랜지팬	5,000
24	마지막 시대에 악을 정복하는 법	릭 조이너	9,000
25	마켓플레이스 크리스천(개정판)	로버트 프레이저	9,000
26	무시되어 온 축복의 통로	존 비비어	6,000
27	믿음으로 질병을 치유하라	T.L. 오스본	25,000
28	병고침	스미스 위글스워스	9,000
29	부서트리고 무너트리는 기름 부으심	바바라 J. 요더	8,000
30	부자하나님의 부자 자녀들	T.D 제이크	8,000
31	사도적 사역	릭 조이너	12,000
32	사랑하는 자가 병들었나이다	허 철	8,000
33	사사기	잔느귀용	7,000
34	사업을 위한 기름 부으심 〈개정판〉	에드 실바소	10,000
35	상한 마음을 치유하는 기도	마크 버클러	15,000
36	상한영의 치유1	존&폴라 샌드포드	17,000
37	상한영의 치유2	존&폴라 샌드포드	13,000
38	성령님을 아는 놀라운 지식	허 철	10,000
39	성령의 은사	스미스 위글스워스	10,000
40	성의 치유	데이빗 카일 포스터	13,000
41	세계를 변화시키는 능력	릭 조이너	10,000
42	속사람의 변화 1	존&폴라 샌드포드	11,000
43	속사람의 변화 2	존&폴라 샌드포드	13,000
44	신부의 중보기도	게리 윈스	11,000
45	십자가의 왕도	페늘롱	8,000
46	아가서	잔느 귀용	11,000
47	악의 속박으로부터의 자유	릭 조이너	9,000
48	어머니의 소명	리사 하텔	12,000
49	여정의 시작	릭 조이너	13,000
50	영광스런 교회에 보내는 메시지 1	릭 조이너	10,000
51	영광스런 교회에 보내는 메시지 2	릭 조이너	10,000
52	영분별	프랜시스 프랜지팬	3,500
53	영으로 대화하시는 하나님	래리 랜돌프	8,000
54	영적 전투의 세 영역(개정판)	프랜시스 프랜지팬	10,000
55	예레미야	잔느 귀용	6,000
56	예수그리스도와의 친밀함	잔느 귀용	7,000
57	예수님 마음찾기	페늘롱	8,000

PURE NARD BOOKS

No.	도서명	저자	정가
58	예수님을 닮은 삶의 능력	프랜시스 프랜지팬	9,000
59	예수님을 향한 열정(개정판)	마이크 비클	12,000
60	요한계시록	잔느 귀용	11,000
61	우리 혼의 보좌들	폴킷 데이비스	10,000
62	인간의 7가지 갈망하는 마음	마이크 비클	11,000
63	저주에서 축복으로	데릭 프린스	6,000
64	적의 허를 찌르는 기도들	척 피어스	10,000
65	조지 W. 부시의 믿음	스티븐 멘스필드	11,000
66	주님 내눈을 열어주소서	게리 오츠	8,000
67	주님, 내 마음을 열어주소서	캐티 오츠/로버트 폴 램	9,000
68	주님이 꿈꾸시는 미래교회	벤 R 피터스	9,000
69	지구상에서 가장 강력한 기도	피터 호로빈	7,500
70	지금은 싸워야 할 때	프랜시스 프랜지팬	8,000
71	찬양하는 전사들	척 피어스/존 딕슨	12,000
72	천국경제의 열쇠	샨 볼츠	8,000
73	천국방문(개정판)	애나 로운트리	11,000
74	축사사역과 내적치유의 이해가이드	존&마크 샌드포드	18,000
75	출애굽기	잔느 귀용	10,000
76	하나님과 동행하는 사람들(개정판)	샨 볼츠	9,000
77	하나님과 사람에게 더욱 사랑스러운	듀안 벤더 클럭	10,000
78	하나님과의 연합	잔느 귀용	7,000
79	하나님으로부터 오는 능력	찰스피니	9,000
80	하나님을 연인으로 사랑하는 즐거움	마이크 비클	13,000
81	하나님의 마음에 합한 사람	마이크 비클	13,000
82	하나님의 심정 묵상집	페늘롱	8,500
83	하나님의 아름다움을 바라보는 축복	허철	10,000
84	하나님의 요새	프랜시스 프랜지팬	8,000
85	하나님의 음성을 듣는 방법	마크&패티 버클러	17,000
86	하나님의 장군의 일기	잔 G. 레이크	6,000
87	항상 배가하는 믿음	스미스 위글스워스	10,000
88	항상 부족함이 없으리로다	하이디 베이커	8,000
89	혼동으로부터의 자유	릭 조이너	5,000
90	혼의 묶임을 파쇄하라	빌&수 뱅크스	10,000
91	화 있을진저 외식하는 서기관과 바리새인들	존 B 비어	8,000
92	횃불과 검	릭 조이너	8,000
93	21C 어린이 사역의 재정립	베키 피셔	13,000
94	금식이 주는 축복	마이크 비클&다나 칸들러	12,000
95	승리하는 삶	릭 조이너	12,000
96	부활	벤 R 피터스	8,000
97	거절의 상처를 치유하시는 하나님	데릭 프린스	6,000
98	그리스도의 제사장적 신부	애나 로운트리	13,000
99	마귀의 출입구를 차단하라	존 비비어	13,000
100	통제 불능의 상황에서도 난 즐겁기는 하다	리사 비비어	12,000
101	어린이와 십대를 위한 축사사역	빌 뱅크스	11,000
102	알려지지 않은 신약성경 교회 이야기	프랭크 바이올라	12,000
103	빛은 어둠 속에 있다	패트리샤 킹	10,000
104	가족을 위한 영적 능력	베벌리 라헤이	12,000
105	목적으로 나아가는 길	드보라 조이너 존슨	8,000
106	예언사역 매뉴얼	마크 비써	12,000
107	추수의 천사들	폴 키스 데이비스	13,000
108	컴 투 파파	게르 윈스	13,000
109	러쉬 아워	슈프레자 싯홀	9,000
110	그리스도 안에 거하는 삶	앤드류 머레이	10,000
111	지도자의 넘어짐과 회복	웨이드 굿데일	12,000
112	하나님의 일곱 영	키이스 밀러	13,000
113	너희 지체를 의의 병기로 하나님께 드리라	허철	8,000
114	신부	론다 캘혼	15,000

No.	도서명	저자	정가
115	추수의 비전	릭 조이너	8,000
116	하나님이 이 땅 위를 걸으셨을 때	릭 조이너	9,000
117	하나님의 집	프랜시스 프랜지팬	11,000
118	도시를 변화시키는 전략적 중보기도	밥 하트리	8,000
119	왕의 자녀의 초자연적인 삶	빌 존슨	13,000
120	초자연적 능력의 회전하는 그림자	줄리아 로렌 & 빌 존슨 & 마헤쉬 차브다	13,000
121	언약기도의 능력	프랜시스 프랜지팬	8,000
122	꿈의 언어	짐 골 & 미쉘 앤 골	13,000
123	믿음으로 산 증인들	허 철	12,000
124	용기	잔느 귀용	13,000
125	포로들을 해방시키라	앨리스 스미스	13,000
127	나라를 변화시킨 비전: 윌리엄 테넌트의 영적인 유산	존 한센	8,000

모닝스타 코리아 저널 morningstar

No.	도서명	저자	정가
1	모닝스타저널 제1호	릭 조이너 외	각 7,000
2	모닝스타저널 제2호	릭 조이너 외	각 7,000
3	모닝스타저널 제3호 승전가를 울릴지도자들	릭 조이너 외	7,000
4	모닝스타저널 제4호 하나님의 능력	릭 조이너 외	7,000
5	모닝스타저널 제5호 믿음과 하나님의 영광	릭 조이너 외	7,000
6	모닝스타저널 제6호 성숙에 이르는 길	릭 조이너 외	7,000
7	모닝스타저널 제7호 마지막때를 위한 나침반	릭 조이너 외	7,000
8	모닝스타저널 제8호 회오리 바람	릭 조이너 외	8,000
9	모닝스타저널 제9호 하늘위의 선물	릭 조이너 외	8,000
10	모닝스타저널 제10호 천상의 언어	릭 조이너 외	8,000
11	모닝스타저널 제11호 신의 성품에 참예하는자	릭 조이너 외	8,000
12	모닝스타저널 제12호 언약의 사람들	릭 조이너 외	8,000
13	모닝스타저널 제13호 열린 하나님의 나라	릭 조이너 외	8,000
14	모닝스타저널 제14호 하나님 나라의 능력	릭 조이너 외	8,000
15	모닝스타저널 제15호 하나님 나라의 높음	릭 조이너 외	8,000
16	모닝스타저널 제16호 성령 안에서 사는 삶	릭 조이너 외	8,000
17	모닝스타저널 제17호 성령 충만한 사역	릭 조이너 외	8,000
18	모닝스타저널 제18호 초자연적인 세계	릭 조이너 외	8,000
19	모닝스타저널 제19호 하늘을 이 땅으로 이끌어내다	릭 조이너 외	8,000